Zuhause im Café

DIANA HILLEBRAND

JOHANNES SCHIMPFHAUSER (FOTOGRAFIEN)

Zuhause im Café

EINE KOFFEINHALTIGE REISE DURCH MÜNCHEN

VOLK VERLAG MÜNCHEN

FÜR MEINE ELTERN,
DIE MICH AUF DEN GESCHMACK
GEBRACHT HABEN!

Inhalt

Die Welt passt in ein Café!

Wenn du die Welt kennenlernen möchtest, dann geh in ein Café. Da triffst du die Nachbarschaft, die Touristen, die Eiligen, die Mütter mit ihren Kindern, die Einsamen, die mit den Anzügen, die Neugierigen, die mit rauen Händen, die Schnellsprecher, die Vergnügten und Vertrauten, die Freunde und alle anderen auch. Tauche ein in das Geräusch der Espressomaschine, in das Stimmengewirr und genieße den Geruch frisch aufgebrühten Kaffees!

Wenn du München und seine Menschen kennenlernen möchtest und gern Kaffee trinkst, dann lies dieses Buch ...

Es kommt mir ganz selbstverständlich vor, mir mein Notizbuch und meinen Laptop zu schnappen und mir einen anderen Platz zum Schreiben zu suchen als mein heimisches Büro. Das mache ich schon seit Jahren. Mit der Zeit habe ich viele Cafés in München entdeckt, die für mich fast zu einem zweiten Zuhause geworden sind. Dort bin ich unter Menschen und kann gleichzeitig in meiner Gedankenwelt versinken. Wenn ich will, kann ich schnell mit jemandem ins Gespräch kommen oder einfach nur schweigen. Diese Oasen inmitten der Millionenstadt findet man nicht sofort. Es braucht Zeit, Geduld oder einen Hinweis von anderen Caféfreunden.

In diesem Buch möchte ich 35 dieser ganz besonderen Münchner Cafés vorstellen. Ich habe sie besucht und mich lange mit den Cafébetreibern unterhalten, die mich mit ihrer Hingabe begeistert haben. „Meine" Cafébetreiber stehen selbst hinter der Theke. Sie bewirten, kochen und backen mit Liebe und aus Überzeugung. Sie stehen für hochwertige Produkte und Qualität. Durch sie leben alte Familien- und Hausrezepte weiter. Es freut mich, dass ich aus jedem Café ein Rezept für dieses Buch mitgebracht habe. Sämtliche Cafés werden vom Inhaber selbst oder einem überschaubaren Team geführt und gehören keiner großen Kaffeekette an. Ihr hochwertiger Kaffee stammt von ausgesuchten Röstereien, oft aus München und dem Umland.

In den ausführlichen Gesprächen mit den Cafébetreibern bin ich oft auf außergewöhnliche Geschichten gestoßen, die untrennbar mit den Cafés und den Menschen, die sie führen, verbunden sind. Ich habe erfahren, warum in einem Café gebrauchte Sonnenbrillen gesammelt werden, welches Fenster bei Erich Kästner im Wintergarten hing und wo einst Elefanten untergebracht waren. Auf meinem Streifzug durch die Münchner Café-Welt bin ich Elfen begegnet, habe dem sanften Knacken des „First Crack" gelauscht und mich für einen Moment wie Alice im Wunderland gefühlt.

In diesem Buch ist eine persönliche Auswahl versammelt, die keinen Anspruch auf Vollständigkeit erhebt. Natürlich gibt es noch viele andere schöne Cafés in München. Und da Autoren nach einem Buch immer schon an das nächste denken, freue ich mich über entsprechende Hinweise an post@diana-hillebrand.de.

Einstweilen wünsche ich Ihnen jederzeit eine gute Bohne in der Tasse!
Ihre Diana Hillebrand

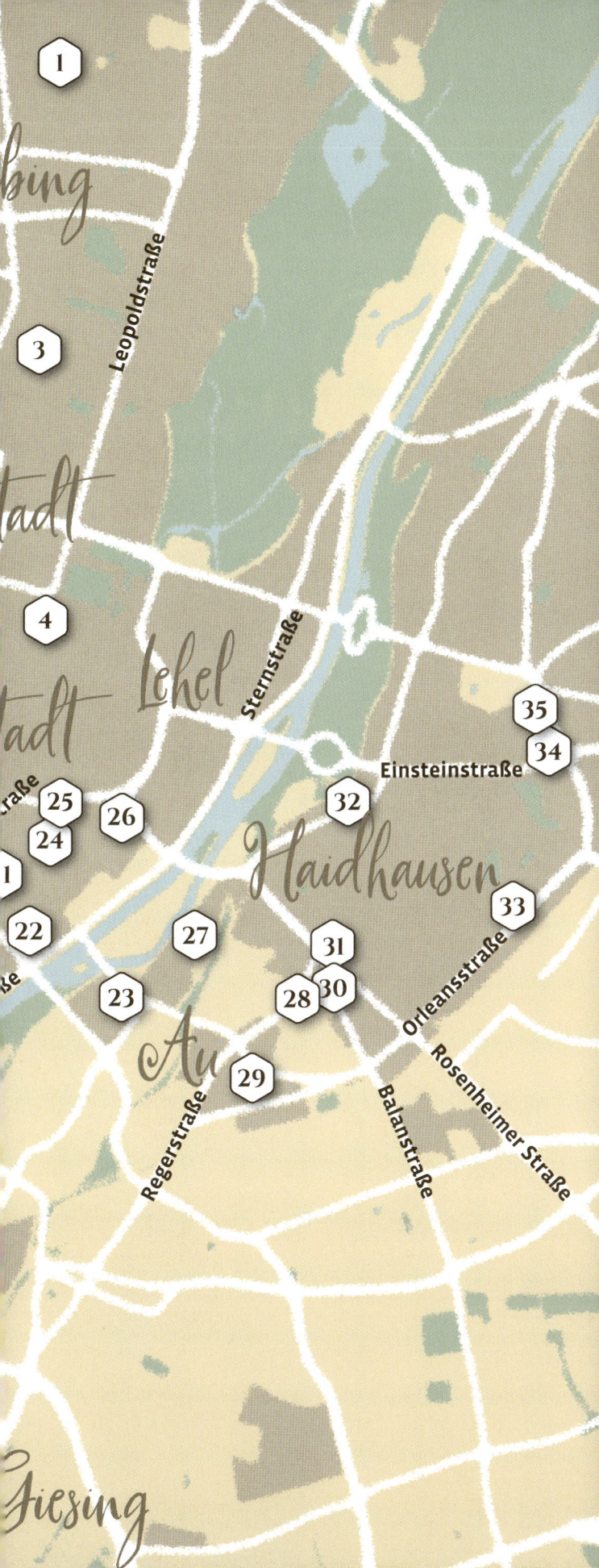

Die Cafés im Überblick

1

Two in One

¶

Es ist Sommer. Leuchtend bunte Blumensträuße, Kräuter in silbrigen Übertöpfen, Lavendel, zarte Buschrosen und Gräser umrahmen die Sitzplätze des Blumencafés Two in One am Pündterplatz 8 und schon von Weitem verspürt man große Sehnsucht, sich hinzusetzen und zu entspannen.

Blumen und Café, mit dieser Kombination hat Claudia Nothhaas schon 2002, damals noch in der Klenzestraße, angefangen. Inzwischen ist sie umgezogen und führt ihren Laden jetzt in wunderschönen Räumlichkeiten in Schwabing.

Wenn man sich dann irgendwann von der Blumenpracht draußen lösen kann, tritt man in einen hohen Raum, darin eine stilvolle schwarze Theke, die aus all dem Blumenmeer herauszuwachsen scheint. Es duftet nach Blumen und nach frisch aufgebrühtem Kaffee. Eine fast unwiderstehliche Mischung, der man nur sehr selten begegnen dürfte. Und wer jetzt denkt, das Two in One sei eben ein Blumenladen, in dem man irgendeine Tasse Kaffee in die Hand gedrückt bekommt, irrt gewaltig. Der Laden hat die Bezeichnung Café mehr als verdient. Eine professionelle Siebträgermaschine, angewärmte Tassen, mehrere hausgemachte Kuchen, Törtchen, Croissants, Sandwiches, das alles und mehr hat das schöne Blumencafé zu bieten. „Wir backen für unsere Gäste – darunter auch viele Männer – täglich frisch. Da hilft auch meine Schwester Silvia manchmal mit. Der Apfel-Walnuss-Crumble oder der Himbeer-Pistazien-Blondie werden gern gegessen."

Claudia ist Gärtnerin und Floristmeisterin und kommt ins Schwärmen. „Eigentlich wollte ich nach dem Abitur Innenarchitektur studieren oder Dekorateurin werden. Es kam viel besser! Heute habe ich ein Blumencafé und einen Schrebergarten,

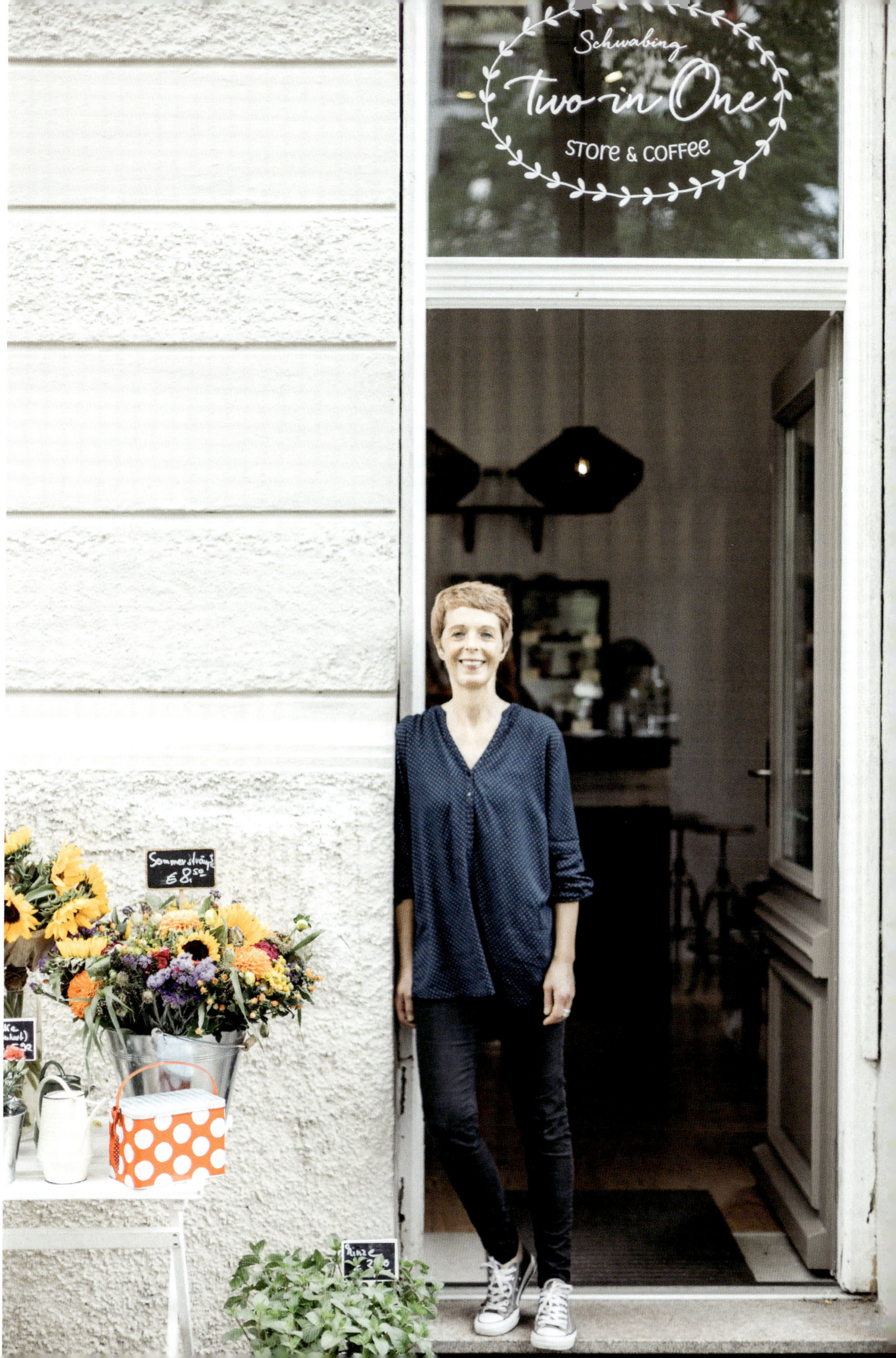
Schwabing
Two in One
STORE & COFFEE

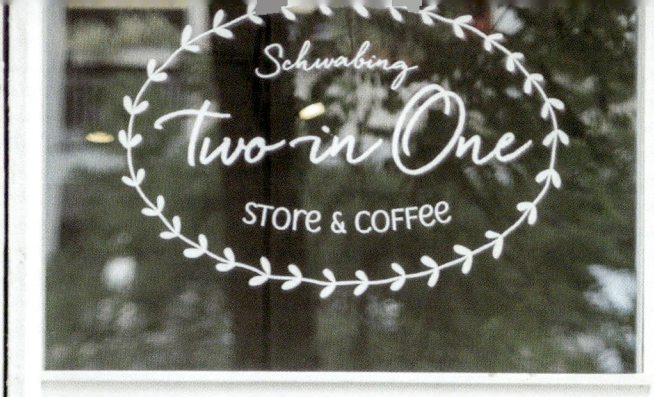

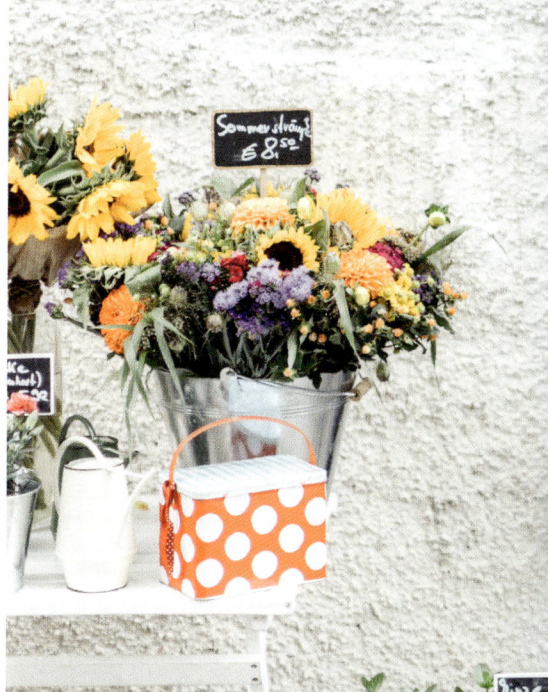

in dem ich meine eigenen Kartoffeln anpflanze. Die Ernte im Herbst ist jedes Mal ein Erlebnis für mich. Ich hege und pflege meine Pflanzen, als wären es meine Kinder." Claudias Augen leuchten und wenn man sich umsieht, erkennt man, dass sie ihre Freude an Architektur und Dekoration auslebt.

Gerne unternimmt sie Gartenreisen nach Dänemark, Holland oder England. Die dort gesammelten Eindrücke finden sich auch in ihrem Blumencafé wieder. Und tatsächlich scheint die feine englische Art im Two in One in der Luft zu liegen. Dazu trägt auch das blumige Porzellangeschirr der Marke „Greengate" bei, das man hier kaufen kann.

„Als ich klein war, hat meine Mutter eigentlich immer gebacken und großen Wert darauf gelegt, dass der Tisch fein gedeckt war." Die Liebe zum Detail und zu den schönen Dingen des Lebens sind unübersehbar und machen den Aufenthalt im Two in One zu einem reinen Vergnügen.

Doch ich habe noch lange nicht alles gesehen, deshalb steige ich die wenigen Stufen des Ladencafés in den ersten Stock hinauf.

Im Two in One kommen Blumen- und Kaffeeliebhaber auf ihre Kosten.

In einer Ecke steht ein Schild, auf dem „Follow your Heart" zu lesen ist. Drei Worte, die stellvertretend für Claudia stehen könnten, die mit ihrem Blumencafé ebenfalls ihrem Herzen gefolgt ist.

Schließlich gelange ich in einen eigenen, sehr ansprechenden Cafébereich. Ich bin überrascht, dass der Raum so groß, luftig und hell ist. Im Hintergrund läuft leichte Soul- und Jazzmusik und ein Durchblick in der Wand erlaubt einen Blick von oben in den Laden unten samt Kaffeetheke.

Ich setze mich an einen der Tische am Fenster und freue mich diesen Ort gefunden zu haben. Auf dem Holzfußboden verteilen sich locker einige Holz- und Gartentische samt Stühlen. Claudia kommt und bringt mir einen Kaffee aus der Rösterei „Moak" in Sizilien. „In das Kaffeethema hat sich mein Lebensgefährte Wolfgang reingehängt. Er hat sich durchprobiert. Da wir gern nach Süditalien fahren, passt der Kaffee sehr gut zu uns." An heißen Sommertagen schenkt das Two in One auch gern einen Iced Coffee aus, bei dem die feine nussige Note der Röstung besonders gut herauszuschmecken ist.

Die Treppe hinauf und schon ist man im Cafébereich des Two in One. Café und Blumenladen in einem: Das schafft ein außergewöhnliches Ambiente.

Himbeer-Pistazien-Blondie

Für eine Springform (26 cm Durchmesser)

Zutaten für den Teig

250 g Butter

70 g weißer Zucker

90 g brauner Zucker

4 Eier

Schale einer Zitrone

250 g Mehl

1 EL Backpulver

1 Prise Salz

160 g weiße Schokolade

1 Handvoll ganze, geschälte Pistazien

etwas Milch

100 g Himbeeren

Zutaten für das Topping

400 g Frischkäse

4 EL Puderzucker

etwas Zitronenschale

Himbeeren zur Deko

Zubereitung

Die Schokolade und die Pistazien grob hacken. Mit dem Handmixer die weiche Butter mit dem weißen und dem braunen Zucker vermengen. Eier und Zitronenschale nach und nach hinzugeben. Mehl, Backpulver und Salz zugeben und ebenfalls mit dem Mixer kurz unterrühren. Falls der Teig zu fest ist, etwas Milch zufügen. Der Teig soll leicht vom Löffel fallen. Die Pistazien und die Schokolade mit einem großen Löffel unterheben.

Den Teig in eine gefettete Springform geben. Die Himbeeren darauf verteilen und leicht hineindrücken. Den Rand nicht vergessen. Den Blondie bei 175 Grad (Ober- und Unterhitze) ca. 35 bis 40 Minuten backen.
Stäbchenprobe machen und abkühlen lassen.

Für das Topping den Frischkäse mit dem Puderzucker in eine Schüssel geben, Zitronenschale hinzufügen und mit einem Schneebesen kurz verrühren. Der Frischkäse darf nicht zu flüssig werden!
Das Topping auf dem Kuchen verteilen und mit ein paar Himbeeren dekorieren.

Ins Two in One kommen sowohl reine Kaffeetrinker, Kuchenesser als auch Blumenliebhaber. Jeder schätzt das Ambiente, das die blühende farbenfrohe Umgebung mit sich bringt, und den hausgemachten Kuchen. Auf den lässt Claudia übrigens gern einen Hauch von Puderzucker rieseln. Schließlich isst das Auge mit!

Two in One Pündterplatz 8, 80803 München, www.twoinone-muenchen.de

2

Café Clara

Große Fenster, dahinter puristische Schönheit, so werden die Gäste des Café Clara in der Isabellastraße 8 in Schwabing begrüßt.

Alexandra von Mutius und Christoph Jünger haben das Café Clara 2010 eröffnet. Vorher befand sich in den Räumen die beliebte Traditionsbäckerei Preininger, der man nachsagt, dass sie das erste „Toskanabrot" in München gebacken hat. „Die Leute standen Schlange für die guten Backwaren", weiß Alexandra zu berichten. Als der Laden frei wurde, redete sie zwei Jahre an ihren Mann hin, die Räume zu übernehmen. Das Paar brachte bereits jahrelange Erfahrung mit, denn sie führten vorher schon das Café im Lenbachhaus und betreiben bis heute neben dem Clara das wunderschöne Café in der Glyptothek.

In der Umbauphase kam ihre gemeinsame Tochter Clara auf die Welt, deren Namen das neue Café in Schwabing trägt.

Schaut man sich im Café Clara um, überkommt einen das Gefühl, dass hier Künstler am Werk waren! Das Interieur ist ausgewogen und klar, an den Wänden hängen Bilder und Kunstdrucke und in einem Regal stehen Keramiken. All das tut dem Auge gut. Der Bezug zur Kunst ist eindeutig erkennbar. „Christoph ist Silberschmied und auch sein Vater und seine Geschwister sind Künstler. Wir schätzen die schönen Dinge und diese Philosophie überträgt sich auch auf das Essen", erzählt Alexandra.

Tatsächlich offenbart sich bei einem Blick in die Kuchenvitrine eine weitere Künstlerin ihres Fachs. Oh, du wunderbare Kuchenwelt! Alexandra folgt meinem

Blick und lächelt. „Wir haben hier eine ganz tolle Bäckerin, die alles frisch in unserer kleinen Küche backt."

Diese Bäckerin tobt sich richtig aus und schafft ein opulentes Gegengewicht zur sonstigen Schlichtheit des Cafés. Himbeertrüffel, Erdnussbutter-Tarte, Russischen Zupfkuchen oder Zitronen-Tarte zaubert sie in die Vitrine. Aber auch Frühstücksliebhaber kommen auf ihre Kosten, die Rühreier sind legendär, Butterbrezn und Croissants gibt es auch. In der „salzigen Vitrine" findet man Quiches, Feta-Spinat-Taschen, Kichererbsentörtchen oder Avocado-Rote-Bete-Salat. Mittags gibt es für den großen Hunger verschiedene Suppen, Pasta, aber auch Nürnberger mit Sauerkraut können auf der fast täglich wechselnden Karte stehen.

Der Espresso kommt aus der Privatrösterei „Coffea" am Gardasee. „Wir bleiben bei dem, was sich bewährt hat und was wir gut finden: eine klassische Siebträgermaschine, eine Kaffeemühle und ein hochwertiger Kaffee."

Wenn Alexandra von ihren Gästen spricht, kommt sie ins Schwärmen. „Wir haben hier sehr nette Gäste. Das sind alles Individualisten, denen wir auf Augenhöhe begegnen." Jeder ist im Café Clara willkommen und auch die Kinderecke wird von vielen Eltern geschätzt. Während die Kleinen spielen, schaut man durch die großen Fenster nach draußen und genießt einen Blick auf ein fast vergessenes

Es ist fast unmöglich, sich im Clara für einen Kuchen zu entscheiden. Deshalb am besten oft wiederkommen und alle einmal probieren. Die Clara-Kuchen gibt es auch im Café in der Glyptothek.

20

Himbeer-Tarte

Für eine Tarteform (28 cm Durchmesser)

Zutaten für den Teig

100 g Zucker
200 g Butter
300 g Mehl

Zutaten für die Füllung

100 g Zucker
1 Ei
2 Eigelb
20 g Stärke
1 Vanilleschote
500 g Crème fraîche
250 g Sauerrahm
Schale einer Zitrone

Zutaten für das Himbeerpüree

300 ml fertiges Himbeerpüree
3 Blatt Gelatine

Zubereitung

Zucker, Butter und Mehl zu einem Teig
verkneten und damit eine Tarteform ausfüllen.
Kurz kühl stellen und anschließend bei 180 Grad
(Umluft) ca. 12 Minuten goldbraun backen.
Zucker, Eier, Stärke, Vanille schaumig schlagen.
Crème fraîche und Sauerrahm dazugeben und
verrühren. Zitronenschale hinzufügen und die
Masse in die gebackene Tarteform geben.
Bei 135 Grad (Umluft) ca. 25 bis 30 Minuten in den
Ofen.
Wenn die Tarte ausgekühlt ist, die Gelatine in
300 ml Himbeerpüree auflösen, auf die Tarte geben
und fest werden lassen. Anschließend nach Belieben
verzieren.

Schwabing. Hohe Altbaufassaden, von Bäumen gesäumte Gehwege laden mitten
in der Millionenstadt zum Durchatmen ein. Bei gutem Wetter kann man auch draußen Platz nehmen und das urbane Leben beobachten.

Alexandra und Christoph haben ein Händchen dafür, es ihren Gästen so angenehm wie möglich zu machen. Das beweisen sie auch in ihrem zweiten Café in der
Glyptothek, das auch für viele Münchner immer noch ein Geheimtipp ist. Dabei
befindet sich am Königsplatz ein Café mit einem zauberhaften Garten, in dem
man wunderschön sitzen kann. Das Angebot dort ist ein wenig mediterraner, der
Kuchen stammt aber ebenfalls aus der Backstube des Café Clara.

Beide Cafés laden ein, sich hinzusetzen und die Seele baumeln zu lassen.

 Café Clara Isabellastraße 8, 80798 München, www.cafe-clara-muenchen.de

3

Gartensalon

„BUNT, SCHRÄG, LECKER!"

¶

Wenn man auf die Häuserfassaden der Türkenstraße blickt, ahnt man nicht, dass sich dahinter eines der schönsten Cafés Münchens verbirgt. Doch Münchens Innenhöfe haben oft einen eigenen Zauber und auch in der Amalienpassage darf man das wörtlich nehmen. Denn hinter der grauen Fassade der Hausnummer 90 findet man eine üppige grüne Oase mitten im studentischen Viertel der Großstadt. Der Gartensalon wurde am 12. September 2009 von Ines Stöhr und Susanne (Susi) Pirklbauer eröffnet. Damals baten sie ihre Gäste, Pflanzen mitzubringen, dafür bekam jeder ein Glas der hausgemachten Marmelade. Das hat gut funktioniert. Mittlerweile sind unzählige Pflanzen hinzugekommen – zahlreiche Blumenkübel, Kräutertöpfchen, bunte Gartentische und Sonnenschirme verzaubern den Innenhof und lassen einen den Trubel der Stadt ganz und gar vergessen. Etwas Besonderes ist auch das „Separee", eine beheizte Holzhütte, die vor allem im Winter zum gemütlichen Beisammensitzen einlädt.

Bis die beiden sympathischen Frauen ihr eigenes Café eröffnen konnten, dauerte es jedoch eine Weile. Ines hatte in England gelebt und Politologie studiert. Auch dort hat sie schon gern gebacken und gekocht. Susi kommt aus Österreich und hat Kunst studiert. Beide suchten nach neuen Wegen und wollten ihre Erfahrungen und Neigungen kombinieren. Galerie und Genussgarten – das spiegelt sich auch im Namen des Cafés „GartenSalon" wider.

War der Plan einmal gefasst, suchte das Paar ein Jahr lang nach geeigneten Räumlichkeiten. Sie wohnten um die Ecke und immer wenn sie durch die Amalienpassage schlenderten und den Laden mit den großen Panoramafenstern im Innen-

hof sahen, sagten sie: „Da muss eigentlich mal ein Café rein."

Das grenzt schon fast an Vorhersehung, denn ein Makler bot ihnen schließlich genau dieses Objekt an. Den Zuschlag bekamen sie während eines Urlaubs in Amsterdam. Die Fototapete im Inneren zeigt das Tulpen-blumenmeer von „Keukenhof" bei Amster-dam und erinnert an diese Reise.

Bis heute lassen sich Ines und Susi gern in anderen Städten und Gärten für ihren Gartensalon inspirieren. Das fröhlich bunte Thema wird auch im Café aufgegriffen. Pinke Tische und Gartenstühle mit Kissen in Grasoptik machen einfach gute Laune. Und auf die Kuchen werden gern Blütenblätter gestreut, das Rührei mit Schnittlauch begrünt und Salate gibt es natürlich ebenfalls.

Mindestens sieben Kuchen sind täglich im Angebot, darunter Cheesecake-Brownies, Limetten-Baisers und auch vegane Köstlichkeiten. Vier Bäcker samt Ines sind immer im Einsatz. „Bäcker sind kreative Leute", sagt Ines und strahlt dabei.

Ein Gartenidyll mitten in der Maxvorstadt. Wer's nicht glaubt, kann sich selbst überzeugen. Üppige Blumenbeete gibt es übrigens auch drinnen, wenn auch nur als Tapete.

Abgerundet wird das Angebot durch die selbst gemachten Marmeladen von Susis Eltern. Von denen kommt auch Außergewöhnliches wie Apfel-Brombeer- oder Orange-Bananen-Marmelade, die mit Mühe und Liebe eingekocht werden.

Man spürt den kreativen Spirit im Gartensalon mit jeder Faser. Kein Wunder, dass Susis Künstlerseele hier voll durchschlägt. Ihre Arbeiten kann man in der café-eigenen Ausstellung bewundern. Aktuell experimentiert sie mit Zucker und Süß-

Im Gartensalon hat man die Sonne im Herzen und kommt ganz leicht mit den anderen Gartenliebhabern ins Gespräch. Wer mag, kann sich dieses Gefühl in Form von Kuchen mit nach Hause nehmen.

Veganer Kirsch-Haselnuss-Streuselkuchen

Für eine Springform (30 cm Durchmesser)

Zutaten für den Teig

250 g Mehl
250 g Zucker
**250 g kalte Alsanbutter (= vegane Biobutter),
in kleine Würfel geschnitten**
1 Prise Salz

Zutaten für die Füllung

400 – 500 g gefrorene Kirschen

Zutaten für das Streuseltopping

250 g Mehl
**150 g kalte Alsanbutter, in kleine Würfel
geschnitten**
100 g Zucker
100 – 150 g ganze Haselnüsse
1 Prise Salz

Zubereitung

Die gefrorenen Kirschen auftauen und gut
abtropfen lassen.
Mehl, Zucker, Alsanbutter und Salz in eine
Schüssel geben und mit den Händen zügig zu
Streuseln verarbeiten. Auf den Boden der
gefetteten (Alsanbutter verwenden) und
bemehlten Springform verteilen und andrücken.

Die Kirschen auf dem Streuselboden gleichmäßig
verteilen.
Die Zutaten für das Streuseltopping in eine
Schüssel geben und mit den Händen zügig zu
groben Streuseln verarbeiten. Diese auf den
Kirschen verteilen. Den Kuchen auf der mittleren
Schiene des vorgeheizten Backofens bei 180 Grad
(Umluft) ca. 45 bis 50 Minuten backen, bis die
Streusel goldgelb aussehen.

waren, so kommen die Baiser-Tröpfchen auf das Papier. Natürlich können die
Werke auch gekauft werden.

Und während man sich das alles ansieht und die fröhliche Stimmung genießt,
gehört ein guter Kaffee natürlich unbedingt dazu. Den bekommen Ines und Susi
aus der Unterhachinger Rösterei „Supremo". „New York" heißt die kräftig-fruchtige
Mischung mit einem Hauch Zartbitter.

Zum Schluss sei unbedingt noch Mops Karla erwähnt. Der caféeigene Mops
liegt in aller Gemütlichkeit herum und steckt die Gäste mit seiner Gelassenheit an.

 Gartensalon Türkenstraße 90, 80799 München, www.gartensalon.net

4

Stereo Café

„ALLES FRISCH UND SELBST GEMACHT. EINE ENTDECKUNG!"

¶

Das Stereo Café in der Residenzstraße 25 befindet sich in exponierter Stadtlage, direkt gegenüber der Residenz über dem Herrenausstatter „Stereo Muc", im ersten Stock. Genau genommen handelt es sich um einen Konzeptstore, Laden und Café bilden eine harmonische Einheit. Ich habe das Stereo gleich zweimal besucht, denn im April 2017 gab es einen Wechsel im Team. Felix Neuner-Duttenhofer und seine Partnerin Candy Calligaro hatten dem Stereo sein unverwechselbares Gesicht und Konzept gegeben und nachdem sie aufhörten, „um noch etwas von der Welt zu sehen", wird das Café von Markus Schrembs weitergeführt. Er ist auch für die großartige Küche verantwortlich, darüber hinaus hält er an der Idee seiner Vorgänger fest. „Felix und Candy haben hier viel Herzblut reingesteckt, das merkt jeder, der hier hereinkommt. Ich übernehme ihr Konzept gern und werde alles geben, dass die Gäste sich hier weiterhin wohlfühlen."

Schon wenn man die schön geschwungene Treppe hinaufgeht, nimmt einen die Eleganz der fünfziger Jahre gefangen. Treppen dieser Art gibt es heute kaum noch. Oben angekommen, weiß man nicht, wohin man zuerst schauen soll. Ein riesiges, bodentiefes Rundbogenfenster gibt den Blick auf die beeindruckende Fassade der Residenz frei – fast scheint sie ein Teil des Raumes zu werden. Schaut man hinaus, kann man die Passanten beim Löwen-Streicheln beobachten. Es soll nämlich Glück bringen, wenn man die Fratzen der bronzenen Residenzlöwen berührt. Obwohl es sich seit 2014 nur noch um originalgetreue Repliken handelt, wird kräftig weiter gestreichelt.

Doch auch das Stereo Café selbst ist eine wahre Augenweide! Raumbeherrschend ist ein großes Wandgemälde, das Candy und Felix immer an das Lebensgefühl in Portugal erinnerte. Als sie das Café 2014 übernahmen, verbarg sich das Bild hinter einer Holzvertäfelung. Durch die Freilegung hat das Stereo seinen einzigartigen Charakter erhalten.

Die Einrichtung des Cafés ist eine Hommage an die fünfziger Jahre. Für die mit einem Labyrinth aus feinen Linien überzogenen Tische ließ man einen Designer eine riesige Platte „bemalen" und zuschneiden. Gemütliche Stühle mit türkisfarbenen Kissen und eine raumgreifende, ebenfalls in Türkis gepolsterte Bank sorgen für absolute Wohlfühlatmosphäre jenseits von Kitsch. Am großen Rundbogenfenster stehen noch einige hohe Hocker Spalier.

Der jetzige Cafébetreiber Markus Schrembs ist auch der Chef in der Küche. Er kommt vom Fach und legt größten Wert auf Qualität und Frische. Der Regensburger hat im „Rosenpalais" in seiner Heimatstadt Koch gelernt und die Ausbildung zum Restaurantfachmann gleich drangehängt. Eine Zeit lang arbeitete er im Spitzenrestaurant „Stromberg". Das Brot wird selbst gebacken oder kommt von der „Brotmanufaktur Schmidt". Die Eier stammen vom Demeter „Bicklhof", die Milch von der Andechser Molkerei. Jede Woche backt Markus mit seinen Kollegen rund zwanzig Kuchen. Dazu kommen hausgemachte Brioches und Croissants. Mittags finden die Gäste eine kleine, feine Karte vor: beispielsweise Avocado auf Vierkorn-Brot mit Limette, Sesamöl, Chili, Sprossen und Salat oder Focaccine mit Ziegenkäse. „Als Koch backt man ja normalerweise weniger, doch inzwischen mache ich das richtig gern. Die Gäste lieben die ofenfrischen Brioches und Croissants."

Eine besondere Spezialität ist der eingelegte Fisch, den das Stereo Café direkt aus Lissabon von einer kleinen nachhaltigen Fischerei bezieht. Der Inhalt der bunten Fischkonserven ist eine wahre Köstlichkeit. Man kann die „Conserveira de Lisboa" kaufen oder sich auf einem gegrillten Sauerteigbrot servieren lassen.

Der Blick auf die Fassade der Residenz sucht seinesgleichen.
Es gibt kaum Schöneres, als bei einer Tasse Kaffee die Menschen
beim Löwen-Streicheln zu beobachten.

Brioches

Zutaten für 12 Stück

550 g Mehl
200 ml Milch
200 g Butter
3 Eier
1 Prise Salz
2 EL Zucker
50 g Rosinen
1 Hefewürfel

Zubereitung

Alle Zutaten in eine Rührschüssel geben und mit dem Knethaken so lange rühren, bis sich der Teig von der Schüssel löst (ca.10 Minuten).

Ca. 90-Gramm-Kugeln abdrehen, darauf achten, dass die Oberfläche der Kugeln schön glatt ist. Für die gefüllten Brioches, die Bällchen flach drücken, dann auseinanderziehen und einen halben Teelöffel Nutella in die Mitte geben. Den Teig einschlagen und unten zusammenschließen.

Kugeln in eine gefettete Form geben und mit Eigelb und Hagelzucker bestreuen. Jetzt die Kugeln aufgehen lassen und danach bei 170 Grad (Umluft) ca. 12 Minuten im Ofen backen.

Schon fertig!

Wer es nur auf einen Kaffee abgesehen hat, wird ebenfalls glücklich. Der Kaffee stammt aus der Nachbarschaft, nur ein paar Meter Luftlinie entfernt. Es handelt sich um eine exklusive Röstung aus dem Hause „Dallmayr". Der Espresso ist bei den Gästen sehr beliebt und lockt auch Freunde des „kurzen Schwarzen" ins Stereo. Das Café lässt also weder optisch noch kulinarisch Wünsche offen.

Doch nicht nur das. „Herzlichkeit ist mir ganz wichtig!", betont Markus, der in seiner offenen Küche gern auch mal mit den Gästen plauscht, die auf dem Weg zur Dachterrasse bei ihm vorbeikommen. Die gemütliche, mit Holz verkleidete Terrasse ist übrigens ein echtes Highlight.

Das Stereo Café hat viele Stammkunden, die am Wochenende auch auf der geschwungenen Treppe geduldig warten, um einen Platz zu bekommen. Unter der Woche ist weniger los. Ein Besuch lohnt sich auf jeden Fall!

 Stereo Café Residenzstraße 25, 80333 München, www.stereo-cafe.de

5

Café Lotti

„GÄSTE UND MITARBEITER SOLLEN DAS CAFÉ
GLÜCKLICHER ALS ZUVOR VERLASSEN!"
¶

Elf Jahre war Sabrina Lorenz alt, als sie ihr Kinderzimmer zu einem Café umgestaltete und damit ihrer Familie – ohne es zu ahnen – einen Blick in ihre Zukunft gewährte.

Im Dezember 2009, direkt nach dem Abitur, erfüllte sie sich ihren Mädchentraum von einst und eröffnete das Café Lotti, das einem rosafarbenen Wohnzimmer ähnelt. Unweit des Stiglmaierplatzes in der Schleißheimer Straße 13 dürften beim Eintreten viele Frauenherzen schneller schlagen. Gleich mehrere Swarovski-Kronleuchter hängen von der Decke herab, weiße Tische, blumenbedruckte Vorhänge, Tischdecken und Kissen vermitteln augenblicklich ein prinzessinnenhaftes Gefühl. Englischer Landhaus-Charme in Pastell, fällt mir spontan dazu ein.

„Mit 16 war ich drei Monate in Großbritannien und habe mich in das Land verliebt. Ich wollte ein bisschen England mit ins Lotti bringen." Alle, Mitarbeiter und Gäste, duzen sich ganz automatisch. Es herrscht eine herrlich ungezwungene, familiäre Atmosphäre. Im Team wird viel gelacht und das kann Sabrina ganz einfach erklären: „Es arbeiten nur Freunde hier oder jeder, der hier arbeitet, wird zum Freund."

Hinter all der „lottischen" Leichtigkeit steckt ein ausgewogenes unternehmerisches Konzept, das mit dem Café gewachsen ist. Drei Jahre hat die Geschäftsführerin BWL und Unternehmensführung studiert. Sie verfügt inzwischen über eine

Gute Laune gehört für Sabrina Lorenz (2. von links)
und ihre Mitarbeiter zum Konzept.

langjährige Erfahrung als Führungskraft und versteht sich als Unternehmerin, die ihr Wissen auch in Vorträgen und Workshops weitergibt. Sabrina hat sich ihren guten Ruf erarbeitet. Aktuell sorgen 17 Mitarbeiter dafür, dass sich die Gäste im Café Lotti wohlfühlen.

Doch nicht nur das märchenhafte Interieur, sondern auch die Qualität der Lebensmittel ist ausschlaggebend. Sabrina, die ursprünglich aus Amberg stammt, arbeitet ausschließlich mit Lieferanten zusammen, mit denen sie ein familiäres oder freundschaftliches Verhältnis verbindet. Sie will genau wissen, woher die Ware kommt. Natürlich verzichtet sie auf Farbstoffe, Geschmacksverstärker und Konservierungsstoffe und setzt konsequent auf regionale, frische Produkte. Käse von Tante Berta aus der Familienbiokäserei „Wohlfahrt" aus Amberg-Sulzbach, Eier von frei laufenden Hühnern und die Wurst liefert Großcousin Hansi aus Heimhof bei Amberg. Der hausgemachte Kuchen wird mit viel Liebe unter anderem nach den Rezepten der Mama gebacken. Täglich verbraucht das Team im Lotti rund sechzig frische Eier. Schon lange ist das Café kein Geheimtipp mehr. Das Frühstück ist legendär und am Wochenende muss man unbedingt reservieren. „Dann bringen die Frauen auch ihre Männer mit, die sich sonst vielleicht nicht reintrauen würden. Auf unserer Frühstückskarte findet jeder etwas, vom Joghurt mit

Rosen für die Gäste und ein Herz, mit dem
das Team seiner Chefin das allerhöchste Lob ausgesprochen hat.

Früchten, Müsli, Croissants mit selbst ge-
machter Marmelade, aber auch Weißwürste
mit Brezn und Senf." Mittags serviert das Café
Lotti wechselnde Nudel- und Fleischgerichte,
Suppen und Salate.

Der Kaffee kommt aus der Kaffeerösterei „Dinzler" aus Irschenberg, einem
Betrieb mit einer langjährigen Geschichte. Bereits 1950 kaufte Otto Dinzler, der in
Bischofswiesen im Berchtesgadener Land einen kleinen Lebensmittelladen führte,
einen kleinen Handröster und Rohkaffee. Im ersten Jahr röstete er damit ca. tausend Kilogramm. Heute gehört die Rösterei zum festen Stamm der besten bayerischen Kaffeeröster.

Glücksgefühle auf dem Teller. Fürs Frühstück am Wochenende
sollte man aber telefonisch reservieren. Wer mag, kann danach Eier
von glücklichen Hühnern mit nach Hause nehmen.

New York Cheesecake

Für eine Springform (28 cm Durchmesser)

Zutaten

100 g Margarine
200 g Butterkekse
200 g + 2 EL Zucker
3 EL Speisestärke
600 g Frischkäse
250 g Magerquark
1 Ei
150 g Sahne
1 unbehandelte Zitrone
250 g Schmand

Zubereitung Boden

Die Springform einfetten und mit Backpapier auslegen. Margarine in einem Topf zerlassen und mit den zerbröselten Butterkeksen vermischen. Die Mischung auf den Boden der Backform drücken und bei 180 Grad (Umluft) im Ofen ca. 10 Minuten vorbacken.

Zubereitung Belag

Zucker, Speisestärke, Frischkäse und Magerquark miteinander verrühren. Ei, Sahne, etwas Zitronenabrieb und einen Spritzer Zitronensaft hinzufügen. Gut vermischen, auf dem vorgebackenen Boden verteilen und ca. 45 Minuten weiter backen.
Wichtig: Den Belag nicht mit dem Rührgerät, sondern mit einem Rührbesen vermischen, damit er schön cremig wird.

Zubereitung Guss

Schmand mit 2 Esslöffeln Zucker vermischen, auf dem Kuchen gleichmäßig verstreichen und weitere 5 Minuten backen.

„Dem Belag können auch Früchte oder Mohn beigemischt werden, das schmeckt noch leckerer und sieht sehr hübsch aus."

Und während ich mich gemütlich zurücklehne und den guten Kaffee genieße, fühle ich mich wie in einem rosafarbenen Zauberland und ich kann mir gar nicht vorstellen, dass da draußen eine Großstadt auf mich wartet. Und einen Wunsch von Sabrina werde ich mit Sicherheit erfüllen: Wenn ich das Café Lotti verlasse, werde ich ganz bestimmt ein bisschen glücklicher sein als vorher!

 Café Lotti Schleißheimer Straße 13, 80333 München, www.cafe-lotti.lotti-muenchen.de

Die Espressomaschine passt genau in den Schrank und der Kronleuchter sorgt für hochherrschaftliche Gefühle.

6

Marita

Marita Fronhofer ist im besten Sinne familiär vorbelastet. Ihre Großeltern führten lange das Gasthaus Waldesruh in Pirka im Bayerischen Wald. Dort verbrachte Marita schon als Kind gerne ihre Zeit. Sie bediente die Gäste und half den Großeltern in der Küche. Ihre Eltern sind Unternehmer und hatten ein Geschäft in Viechtach.

Als Zweitklässlerin hatte Marita deshalb schon eine klare Vorstellung ihres zukünftigen Berufs: Sie wollte Chefin werden! Damals vermutlich belächelt, hat sie heute ihren Kindheitstraum wahr gemacht und das, obwohl sie als Aufnahmeleitung beim Fernsehen zunächst einen ganz anderen beruflichen Weg eingeschlagen hatte.

Im November 2016 eröffnete sie das Café Marita: „Ich wollte ein bisschen niederbayerische Gemütlichkeit nach München bringen." Eingezogen ist sie mit ihrer Gemütlichkeit in die Schulstraße 34, unweit der Donnersbergerstraße.

„Kommt's rein und fühlt's Euch daheim!", hat Marita in ihrer schwungvollen Handschrift auf eine Tafel am Eingang geschrieben. Ich fühle mich augenblicklich wohl. Zuerst fallen mir die wunderschönen Jugendstilfliesen auf, die fast schon eine orientalische Anmutung haben. Marita folgt meinem Blick, den sie bei ihren Gästen vermutlich schon oft beobachtet hat. „Die Fliesen sind hundert Jahre alt. Früher war in den Räumen eine Bäckerei", verrät sie mir. Mit viel Geschick und Liebe zum Detail hat die Cafébetreiberin eine gemütliche Atmosphäre gezaubert. Große Naturholztische auf weißen Füßen, weiße Stühle und Bänke, dazu blaue

Streifen- und Karomuster auf den Kissen. Die großzügige Theke war einst eine alte Küchenzeile. Eine zerbeulte Milchkanne dient als Schirmständer. Flankiert wird der gemütliche Landhausstil von modernen Elementen, etwa den Industrielampen oder den Barhockern auf Metallfüßen.

Aber auch die Kaffeekultur kommt im Marita nicht zu kurz: „Gscheid.HAFERL" heißt die Rösterei von Matthias Wutz aus Bad Kötzting im Bayerischen Wald, für die sich die Niederbayerin entschieden hat. Die Röstung „gscheid.stoark" steht für einen klassischen Espresso mit Nougatnote.

Ihre Kuchen und Gebäckstücke stellt Marita unter ansehnlichen Kuchenglocken zur Schau. Sie backt regelmäßig einen Schokokuchen, ihr Freund einen Käsekuchen. „Allerdings ist das Backen nicht so ganz meine Welt. Deshalb bekomme ich die anderen leckeren, hausgemachten Kuchen auch vom Kuchentratsch."

Der „Kuchentratsch" (www.kuchentratsch.de) ist ein Zusammenschluss von Münchner Senioren, die Freude am Backen haben. Oma Renate, Oma Bärbl, Oma Magdalene, Oma Irmgard, Opa Norbert, Opa Thomas, Oma Resi und andere backen nach ihren alten Rezepten auf Bestellung. Das Ergebnis kann man sich dann im Marita schmecken lassen. Grundsätzlich kann aber jeder einen Kuchen bei den Omas und Opas bestellen. Ich bin von dieser Idee begeistert, die die alten Rezepte bewahrt und die Generationen zusammenbringt.

Das Marita ist so gemütlich und die Gastgeberin so herzlich, dass man gar nicht mehr gehen möchte.

Maritas absolute Leidenschaft gilt dagegen dem Kochen und das beweist sie tagtäglich in ihrem schönen Café. „Ich liebe es einfach, die Menschen zu betüddeln!"

Auf ihrer Mittagskarte findet sich schmackhafte Hausmannskost: Kaspressknödel, Pichelsteiner oder Spaghetti Bolognese gehören zu den Lieblingsgerichten ihrer Mittagsgäste. Aber auch „Maritas Salatteller mit Avocado und Apfeldressing" findet großen Anklang. Alles wird täglich frisch zubereitet.

„In der Küche wohnt das Herz des Cafés", erzählt mir die Chefin und streicht dabei über ihre Küchenschürze. Marita lächelt. „Ich habe ein Schürzenfaible." Sie zeigt mir eine Schürze, die üppig mit blau-rot-weißen Blumen bedruckt ist. „Diese hier ist von meiner 92-jährigen Oma, die sie auch schon von ihrer Mutter übernommen hat."

Kaspressknödel mit Salat

Zutaten für 4 Portionen

1/4 l Milch
1 Packung Knödelbrot, am besten vom Bäcker
2 Zwiebeln
1 Bund Petersilie
300 g würzigen Bergkäse
2 Eier
Salz/Pfeffer
Muskatnuss
Majoran
etwas Zitronenabrieb

Zubereitung

Milch erwärmen und über das Knödelbrot geben, etwas abkühlen lassen.
Zwiebeln und Petersilie klein schneiden bzw. hacken, beides in einer Pfanne mit Butter anschwitzen, abkühlen lassen und zum gequollenen Knödelbrot geben.
Inzwischen den Bergkäse in kleine Stücke schneiden oder raspeln.
Eier mit dem Knödelbrot vermischen, etwas salzen, pfeffern, dann etwas Muskatnuss und Majoran dazugeben. Etwas Zitronenabrieb hinzufügen und alles gut durchkneten.
Dann den gewürfelten oder geriebenen Bergkäse mit den Händen unterheben. Alles etwas ziehen lassen und entweder den rohen Teig probieren oder einen Probeknödel machen.

Mit angefeuchteten Händen runde Knödel formen und flach drücken, danach in einer (beschichteten) Pfanne mit Butter braten, sodass sie von beiden Seiten goldbraun sind, etwa 3 bis 4 Minuten auf jeder Seite. Fertig!

Dazu passt wunderbar ein gemischter Salat, man kann auch eine leichte Pilzsauce dazu machen.

„Diese Knödel stammen original aus Südtirol, dort isst man sie traditionell in einer selbst gemachten Rinderkraftbrühe.
Lecker, lecker, lecker!"

Als Gast spürt man den tiefen und selbstverständlichen Zusammenhalt, der in Maritas Familie herrscht. Kurz bevor ich das Marita verlasse, erzählt sie mir noch, dass ihr kranker Opa, der das Wirtshaus in Pirka betrieben hat, vor Freude geweint hat, weil seine Enkelin in seine Fußstapfen getreten ist. Schön, dass Maritas niederbayerische Herzlichkeit in München einen Platz gefunden hat!

 Marita Schulstraße 34, 80634 München, www.marita-cafe.de

In der niederbayerischen Dependance in München fallen einem die wunderschönen Fliesen sofort auf.

Mouli

„HERZLICHES CAFÉ-ATELIER
MIT ZIMT!"

¶

Fährt man von Nymphenburg aus auf der Verdistraße stadtauswärts Richtung Blutenburg trifft man auf Höhe der Hausnummer 120 auf eine Oase. Mitra Moussavi lebt hier in ihrem kleinen Café Mouli ihre beiden Leidenschaften an einem Ort aus.

Am 12. Dezember 2015 eröffnete die Halbperserin ihr Caféatelier, in dem sie ganz selbstverständlich zwei Dinge miteinander verbindet: ihre Liebe zur Mode und ihre Liebe zum Kochen und Backen. Hier fügt sich also zusammen, was für Mitra zusammengehört.

Die besondere Kombination aus Laden und Café ist kein Zufall, denn Mitra hat Mode und Design studiert. Aus diesem Grund ist es ihr auch so wichtig, jungen Designern in ihrem Café eine Ausstellungs- und Verkaufsfläche zur Verfügung zu stellen. Die hochwertigen und ausgesuchten Kleidungsstücke findet man auf der „Ladenseite" an der Wand, daneben steht ein runder Tisch mit Modeschmuck und Accessoires. „Die Sachen wurde von jungen Leuten designt, die oft noch bis spät in die Nacht nähen und die auf Qualität achten", erzählt Mitra, die irgendwann auch eine eigene Mouli-Kollektion anbieten möchte. Bisher hat die Zeit dafür aber noch nicht gereicht.

Dass auch Mitra ein gutes Auge für Designs hat, wird am Raumkonzept sehr deutlich. Für die ansprechende Raumgestaltung war das Team vom Designstudio „LOVA" verantwortlich. Mein Blick bleibt sofort an dem modernen Lüster hängen: Jedes einzelne herabhängende Reagenzglas ist mit kleinen Baumwollkügelchen gefüllt. Bei dieser ausgefallenen Idee muss man einfach hinschauen. Damit wird die Präsentation der Mode zu einem Fest.

Auf der rechten Seite befindet sich dann der Cafébereich, der nicht weniger schön gestaltet ist. Moderne, florale Muster in Weiß auf der Theke, dem Holzboden und dem Schaufenster setzen klare Akzente. Zwei runde Tische mit pastellfarbenen Stühlen laden zum Sitzen, Schauen, Essen und Kaffeetrinken ein. „Ich möchte meinen Kunden etwas Besonderes bieten. Ankommen, sich zuhause fühlen und einkaufen."

Der Name des Café-Ateliers setzt sich aus Mitras Nachnamen und dem ihrer Freundin zusammen. „Der Name soll Freundlichkeit und Wohlgefühl ausstrahlen. Genau dafür steht das Mouli."

Um für ihr Mouli den richtigen Kaffee zu finden, hat Mitra in vielen Münchner Röstereien recherchiert und war mit ihrer Schwester inkognito in einigen Cafés unterwegs. Am Ende wurde es der ausgewogene „Giubileo Bio-Espresso" vom „Fausto" aus Giesing (S. 116), der sich auch in Milchgetränken gut entfaltet. In der gut ausgestatteten Küche enthüllt Mitra dann ihre zweite Leidenschaft. Hier entstehen Moulihupf (kleiner Haselnuss-Guglhupf), White Chocolate Cheesecake oder bunte Cake-Pops. Auch das hausgemachte Bircher Mouli, der Porridge oder die Müslis mit regionalem Honig oder Bio-Ahornsirup kommen bei den Gästen sehr gut an. Für die Freunde

Das Mouli hat nicht so viele Sitzplätze, dafür kann man hier ausgefallene Mode kaufen.

45

von herzhafter Küche gibt es frische Couscous-Salate und selbst gemachten Hummus mit Zimtkarotten. Die Veranlagung zur Bäckerin beziehungsweise Köchin liegt in der Familie. „Meine Oma hat immer viel gebacken und Papa kann sensationell gut kochen, auch wenn er das leider nur zu besonderen Anlässen unter Beweis stellt."

Doch damit nicht genug, Mitra hat sich noch etwas ganz Besonderes ausgedacht. Die Grundidee entsprang einem einfachen Gedanken: „Es muss ein Butterbrot geben!" Vielleicht liegt es daran, dass Mitra, die selbst in Obermenzing aufgewachsen ist, den gleichen Schulweg hatte wie die Kinder, die unter der Woche jeden Tag an ihrem Café vorbeilaufen. „Denen und meinen Gästen biete ich ein richtig gutes Pausenbrot an. Die Basis bildet ein Roggenbrot der Hofpfisterei München, das frisch, gesund und bunt belegt wird." Vier Varianten ihrer Pausenbrote gibt es derzeit im Mouli. Gern würde sie hier noch viel mehr machen, dachte sogar an „personalisierte Lunchpakete", doch bisher ist die Nachfrage dafür noch zu klein. Bleibt zu hoffen, dass die Gäste und die Schulkinder bald auf den Geschmack

Den einzigartigen Kronleuchter mit den Baumwollkügelchen muss man ganz genau ansehen.

Süßkartoffel-Brownies

Für einen Blechkuchen

Zutaten für den Teig

100 g Mandeln
100 g Haferflocken
6 EL roher Kakao
1 Prise Salz
500 g Süßkartoffeln (gekocht und geschält)
150–200 g Datteln (am besten Medjool-Datteln)
6–8 EL Ahornsirup
2 EL Kokosöl
1 EL Mandelmus

Zutaten für die Glasur

2 EL Kokosöl
2 EL Mandelmus
2 EL Ahornsirup
2 EL roher Kakao

Zubereitung

Den Ofen auf 180 Grad (Umluft) vorheizen. Mandeln und Haferflocken in einem Hochleistungsmixer zu einem feinen Mehl verarbeiten. Mehl in eine Schüssel geben, Kakao und Salz hinzufügen und gut vermengen. Die weichgekochten und abgekühlten Süßkartoffeln mit den Datteln, dem Ahornsirup, dem Kokosöl und dem Mandelmus mithilfe des Mixers oder eines Pürierstabs fein pürieren.
Anschließend zu den trockenen Zutaten geben und so lange rühren, bis keine Klümpchen mehr zu sehen sind.
Die Masse auf das eingefettete Kuchenblech streichen und für ca. 45 bis 50 Minuten im Ofen backen. Stäbchenprobe machen. Bleibt kein Teig

mehr am Stäbchen hängen, kann der Kuchen aus dem Ofen geholt werden. Für mindestens 10 Minuten in der Form abkühlen lassen. Währenddessen die Glasur zubereiten. Alle Zutaten zum Schmelzen bringen und glattrühren. Die Masse im Kühlschrank etwas fester werden lassen.
Nun den Kuchen aus der Form lösen und erst, wenn er komplett abgekühlt ist, mit der Glasur bestreichen. In Quadrate schneiden und sich sofort einen köstlichen Brownie gönnen!

kommen. „Dann würde ich auch weitere Varianten anbieten, damit wirklich jeder das richtige Pausenbrot für sich mitnehmen kann."

Mich beeindruckt Mitras Geschäftsmodell, das auf Qualität und Herz setzt, und ich nehme mir fest vor, mich das nächste Mal in den Schaukelstuhl direkt vor dem Laden zu setzen, um dort jedes einzelne von Mitras Pausenbroten zu probieren.

Mouli Verdistraße 120, 81247 München

8

Café Mandala

**„HIER KANN MAN DIE GEDANKEN
LIEGEN LASSEN!"**

¶

Ein Hauch der großen weiten Welt weht einem entgegen, kaum, dass man das Café Mandala in der Westendstraße 87 betreten hat. „Asien im Westend", fällt mir ein und der große steinerne Buddha mitten im Raum scheint bei diesem Gedanken seinen zufriedenen Gesichtsausdruck zu vertiefen. Das Café Mandala nimmt mich augenblicklich für sich ein und spiegelt – wie ich später merken werde – die Seele der beiden Cafébetreiber Claudia und Kalman Rab wieder.

Dass die beiden die Welt bereist haben, habe ich mir schon fast gedacht. Aus ihren Gesichtern spricht eine große Offenheit und Freundlichkeit, wie man sie oft bei Menschen findet, die über den eigenen Tellerrand hinausgeblickt haben. „Wir waren häufig im Ausland und sechs Monate in Asien. Es hat uns Spaß gemacht, die Cafés an den entlegensten Orten zu besuchen. Uns hat die Ästhetik dort oft begeistert; da gibt es richtige Wohlfühloasen."

Claudia und Kalman lieben die Menschen und ihre Geschichten und haben auf ihren Reisen ausschließlich gute Erfahrungen gemacht. Sie haben ein Gefühl dafür entwickelt, wo man sich wohlfühlt. Etwas von diesem Spirit wollten sie mit nach Deutschland bringen und eine Oase in der großen Stadt erschaffen.

Zwei Jahre haben sie gesucht, bis sie die perfekten Räumlichkeiten schließlich gefunden haben – mitten im Westend. Dabei hatten sie von Anfang an etwas ganz Spezielles im Sinn: „Bei uns geht es um Kommunikation und um Stille!"

Tatsächlich gibt es im Café Mandala drei unterschiedliche Bereiche: Da gibt es, gleich wenn man hereinkommt, vis-à-vis der Theke mit Espressomaschine einen

Cafébereich, in dem zwei original indische Hochzeitstische und noch ein weiterer kleiner Tisch Platz gefunden haben. Setzt man sich, ist man umrahmt von zahlreichen Regalen, in denen Kalman und seine Frau chemiefreie Seifen, Biodüfte vom Starnberger See, Duftlampen, deutschen Gin oder Schmuck und Geschirr zum Verkauf anbieten.

Harmonisch dazu gesellt sich die sogenannte „Männerecke", ausgestattet mit Gegenständen, die Männern Spaß machen: Kletterutensilien, Schnitzwerkzeug, Hobel, ein Flachmann ... All dies kann man kaufen oder auch nur ansehen. Es ist bunt, es ist voll und es ist großartig! Im Cafébereich kommt man schnell mit den anderen Gästen und dem weit gereisten Ehepaar ins Gespräch.

Sucht man dagegen die Stille, findet man im zweiten Raum eine Ruhe-Lounge. Einzigartig ist hier vor allem das Himmelbett, das mit unzähligen Kissen drapiert ist. Ich möchte mich am liebsten gleich hineinfallen lassen. „Da kann es schon einmal passieren, dass Mütter mit ihren Babys kurz einschlafen", verrät mir Claudia.

Aber es gibt auch andere gemütliche Sitzgelegenheiten, goldene Kissen, eine Bank an der Wand, davor kleine indische Tische. Durchquert man auch diesen Raum, gelangt man in den dritten Bereich des sinnlichen Cafés, der auch den letzten Gast überzeugen dürfte: der ruhige Innenhof – ebenso liebevoll ausgestattet, ebenso anziehend. Hier kann man seinen Kaffee auch in der Natur genießen.

Eine Oase der Ruhe und des Glücks samt zauberhaftem Innenhof erwartet die Gäste des Mandala.

Seit 28 Jahren sind Claudia und Kalman schon zusammen und man spürt die tiefe Verbundenheit des Ehepaares. Ich wage es, die halb lustig, halb ernst gemeinte Frage zu stellen, wie sie es quasi jeden Tag auf so begrenztem Raum miteinander aushalten. Die Antwort überzeugt durch ihre Schlichtheit: „Das ist ganz einfach. Wir denken nicht darüber nach, warum wir uns gut vertragen."

Dass jeder seine eigenen Ideen in das Café Mandala einbringt, scheint da nur selbstverständlich. Kalman begeistert sich für Licht und Farben. Durchaus stolz führt er mir seine Lichtanlage vor, bei der er jede einzelne Lampe ansteuern kann.

In ihrer Siebträgermaschine bereiten die beiden für ihre Gäste eine dunkle Espresso-Röstung der Marke „Mokito Oro" aus Mailand zu. Kalman hat auch zum Thema „Kaffee" eine ganz einfache Ansicht: „Man kann entweder tausend Kaffeesorten verwenden oder eine G'scheite."

Das Mandala lässt sich mit drei Worten beschreiben: Miteinander, Stille und Natur.

Mandala-Bonbon

Zutaten für 1 Portion
10 ml gesüßte Kondensmilch
doppelter Espresso der Marke „Mokito"(italienische dunkle Röstung, 75 Prozent Robusta
und 25 Prozent Arabica)
frische Bio-Sahne als Topping
Bio-Kakaopulver zum Garnieren

Zubereitung

Man nehme am besten ein doppelverglastes
Trinkglas (0,25 Liter), füllt es zuerst mit der
Kondensmilch auf und lässt dann den frisch
aufgebrühten doppelten Espresso einfließen.
Zur Krönung wird die frische Bio-Sahne als
Haube oben drauf gesprüht. Die Dekoration darf
dabei nicht fehlen, dazu einen Hauch Bio-Kakao-
pulver oben drauf und mit einem kurzen
Strohhalm servieren.

„Ein ‚teuflisch guter Kaffeemix', den wir auf
unserem Trip in Barcelona entdeckt haben. Er
wurde von uns etwas abgeändert, wir nehmen
statt dem Milchschaum frische Bio-Sahne.
Das Suchtpotenzial für das Mandala-Bonbon ist
definitiv sehr hoch."

Bevor ich gehe, spüre ich den Drang, einmal den großen goldenen Gong an der
Wand zu schlagen – dann dürfe ich einen Wunsch äußern, verrät mir Kalman. Vielleicht würde ich mir mehr solcher Orte in München wünschen, doch damit würde
das Café Mandala seine Einzigartigkeit verlieren. Na, dann schlage ich doch lieber
auf die Trommel eines bayerischen Schamanen und hoffe auf gutes Wetter, um im
schönen Innenhof einen Kaffee trinken zu können!

 Café Mandala Westendstraße 87, 80339 München, www.cafe-mandala.com

9

Marais

„EIN LEBENDIGER RAUM – GEMÜTLICH, CHAOTISCH UND KURZWAREN!"

¶

Barbara Schedel, Alexandra Baumann und Monika Almeida stehen hinter dem einzigartigen Konzept des Cafés Marais in der Parkstraße 2. Bevor sie es 2006 eröffneten, arbeiteten sie als Raumausstatterin, Damenschneiderin und im Kunstgewerbe an der Bayerischen Staatsoper in München. Tolle Berufe sollte man meinen und doch hatten alle drei das Gefühl: „Da geht noch mehr". Deshalb überlegten sie gemeinsam, womit sie ihrem Leben eine neue Wendung geben und sich beruflich ausleben könnten. Alexandra hatte eine Zeit lang in Griechenland gelebt, ihr Mann ist Koch. Sie träumte schon lange von einem eigenen Café. Gemeinsam mit ihren Mitstreiterinnen zog sie durch München und suchte den perfekten Ort. Dass sie letztlich in einem ehemaligen Textil- und Kurzwarenladen die Erfüllung ihres Traumes sahen, mag etwas mit ihren bisherigen Berufen zu tun gehabt haben. Denn es gehörte sicher eine gewisse Kreativität dazu, sich die ehemaligen Verkaufsräume mit den Schaufenstern, in denen Bettschuhe und Schürzen ausgestellt waren, als gemütliches Café vorzustellen. Doch genau das sahen die drei Cafébetreiberinnen vor ihrem geistigen Auge.

Von Juni bis Dezember 2006 entrümpelten sie die Verkaufsräume und den alten Kohlenkeller. Bei der Gelegenheit haben sie vielleicht auch die Geschichte von den

Barbara (links) und Alexandra (rechts) stellen 2/3
der Frauenmannschaft. Zusammen mit Kollegin
Monika versprühen sie dreifachen Charme.

Elefanten gehört, die man sich hier im West-end so gern erzählt: Im Hof des Cafés sollen im Zweiten Weltkrieg tatsächlich zeitweise Elefanten aus dem Circus Krone unterge-bracht gewesen sein. Ob das tatsächlich wahr ist, weiß niemand mehr zu sagen, und doch fügt sich diese Anekdote so wunderbar zu den vielen Geschichten, die im Marais ein Zuhause gefunden haben Ganz bewusst behielten die drei Cafébetreiberinnen den einzigartigen Charme des Kurzwarenladens bei. Die beiden Restauratoren Günter Waber und „Papa" Schmidt halfen ebenso mit wie Freunde und Kollegen aus der Oper. Die intensive Arbeit hat sich gelohnt, das Marais erhielt ein einzigartiges Gesicht.

Ich ergattere einen der begehrten Plätze im Schaufenster. Runde Holztische mit ver-schiedenen Stühlen, eine Kommode, auf der ein altes Ölbild steht. Ein Wohnzimmer mit Blick auf die Parkstraße und ein besonderes Gefühl: Man wird zum Schaufensterbild und das Leben draußen läuft wie in einem Film vorbei. Der Kaffee der Marke „Nannini" aus einer Rösterei in Siena schmeckt auch unter Beobachtung ganz hervorragend. Manchmal erhasche ich einen sehnsüchtigen Blick der Vorbeieilenden. Ich kann es verstehen. Umgeben von Antiquitäten, Schmuck, Geschirr und tausend anderen Din-gen, kann man sich kaum sattsehen. Hier bleibt man gerne auch etwas länger sitzen.

„Freunde finden auf Märkten in Frankreich und Italien immer wieder richtige Schätze für uns. Sie wissen genau, was wir gebrauchen können", erzählt Alexandra. Das erklärt die große Vielfalt an Raritäten, die man hier entdecken und auch kaufen kann. Alexandra ist ebenfalls gern auf den Flohmärkten unterwegs. Sie mag beson-ders Handtaschen, in denen noch etwas drin ist: „Ohrenstöpsel, Bonbons oder

In diesem ehemaligen Kurzwarengeschäft, das sich in ein Café verwandelt hat, bleibt man gern auch länger.

57

Sonnenbrillen... Die alltäglichen Dinge erzählen vom Leben ihrer Besitzer und das übt eine große Faszination auf mich aus."

Sie weist auf ein schlichtes Fenster an der Wand, das zur Vitrine umgebaut wurde und in dem verschiedene Kuchen und Paninis bereitstehen. „Das Fenster habe ich zum Beispiel im Allgäu gefunden. Man könnte sagen, es ist nach Hause zurückgekommen, denn es stammt ursprünglich aus dem Wintergarten des Hauses von Erich Kästner, der nach dem Zweiten Weltkrieg eine Zeit lang in München lebte."

Man hat das Gefühl, Alexandra könnte noch sehr viele Geschichten erzählen. Die Schränke, Kommoden, Regale, Kinderbetten, Tische und Stühle stammen vorwiegend aus der Zeit von 1900 bis 1960 und können allesamt gekauft werden. Aber es gibt auch Hüte, Tücher, Modeschmuck und Spielzeug aus vergangenen Zeiten. „Ich habe auch noch eine besondere Schwäche für Sachen, die aus Klöstern stammen", berichtet Alexandra. Erklären

Das weiße Fenster war ehemals in Erich Kästners Wintergarten eingebaut. Heute eröffnet es den Blick auf die Kuchenvielfalt.

Tarte Tatin

Zutaten
24 Äpfel
500 g Mehl
300 g Butter
½ kleines Glas Wasser
1 Ei
50 g Zucker
1 Prise Salz

Zubereitung
Die Äpfel entkernen, schälen und vierteln. Den Boden einer Pfanne mit 0,5 Zentimeter Zucker bedecken, ca. 15 Butterflocken dazugeben. Die geviertelten Äpfel in die Pfanne legen und immer schön nachfüllen (auch während dem Braten). Alles bei minikleiner Flamme auf dem Herd ca. 2 Stunden köcheln lassen. Den Mürbeteig vorbereiten: Mehl, Butter, Wasser, Ei, Zucker und Salz vermischen und zu einem glatten Teig verkneten. Die Pfanne vom Herd nehmen, die Äpfel mit dem Mürbeteig bedecken und anschließend alles im Ofen bei 180 Grad (Umluft) 25 Minuten backen. Im Anschluss etwas abkühlen lassen und lauwarm mit Crème Fraîche servieren.

kann sie das kaum. „Ich fühle da irgendwie eine geistige Verbindung zum Gebäude." All dies fügt sich wunderbar in das Gesamtensemble des Ladencafés, dessen Verkaufsräume schon seit 1900 die Menschen von draußen hereinlockten.

Neben der Einrichtung sorgen auch die hausgemachten Kuchen, die Tarte Tatin, die kleinen Mittagsgerichte, Risotto und Quiches dafür, dass die Gäste ins Café strömen. „Wir stehen selbst im Laden und haben den schönsten Arbeitsplatz der Welt", versichern die drei Cafébetreiberinnen. „Einmal wurden wir sogar gefragt, ob wir so eine Art Selbsthilfegruppe seien!"

Nicht so abwegig, wenn man es genau nimmt, haben sich die drei ja tatsächlich selbst geholfen, damit sie ihren großen Traum leben können. Ein Traum, der übrigens schon weitere Früchte getragen hat. Denn gleich gegenüber befindet sich die kleine Schwester des Ladencafés: „Marais Soir", ein feines Abendrestaurant, in dem Alexandras Ehemann Ricky mehrgängige Menüs anbietet. Einen guten Espresso gibt es da natürlich auch!

Ladencafé Marais Parkstraße 2, 80339 München, www.cafe-marais.de

10

Lohner & Grobitsch

„WIR HABEN UNSERE
GÄSTE GERN!"

¶

Würde die 18 Meter große, bronzene Bavaria über ihre linke Schulter blicken, könnte sie das Café Lohner & Grobitsch in etwa 500 Metern Luftlinie Entfernung vielleicht erspähen. Doch während die bekannte Patronin Bayerns ihren Blick unbeirrt auf das Treiben auf der Theresienwiese richtet, ahnt sie nichts von ihrem kleinen Abbild auf den Kacheln der Theke, die sich in der Sandtnerstraße 5 auf der Schwanthalerhöhe befindet.

Aber es sind nicht die Kacheln mit den bekannten Münchner Motiven, die mich in das Café gelockt haben. Es ist der Name: Lohner & Grobitsch – das klingt nach einer innigen Beziehung zwischen zwei Menschen. Welcher Art diese Verbindung ist, ahne ich natürlich nicht, als ich das lichtdurchflutete Eckcafé mit den großen, wunderschönen Kassettenfenstern betrete.

Die quadratische Form der Fenster wird in wunderbarer Weise von den Holztischen aufgenommen, um die sich verschiedene weiße Stühle versammeln. Gemütlichkeit strahlen auch die Fensterbänke mit den vielen Kissen aus, auf denen man sich bequem niederlassen kann. Kaum sitze ich, fühle ich mich auch schon angekommen.

Sofort fällt mir ein Werbeschild an der Wand auf: „Milch, Wurst, Feinkost – Grobitsch" ist darauf zu lesen. Damit erklärt sich zumindest ein Teil des Cafénamens und ich bin gespannt auf den Rest der Geschichte.

Kerstin Lohner, die das Café seit 2010 betreibt, musste zunächst einmal einen langen Atem beweisen. „Ich bin aus dem Westend und jeder hier kennt Alexander

Grobitsch, der seinen Laden 1964 eröffnete. Anfangs war es ein reiner Milchladen, in dem man sich frische Milch in Behältern abfüllen ließ. Mit den Jahren vergrößerte sich das Sortiment und schließlich gab es bei Grobitsch alles: vom Grablicht bis zur Milchtüte. Er belieferte die ganze Gegend hier und war bekannt und beliebt."

Alexander Grobitsch war 1945 als Flüchtling nach München gekommen und machte sich mit seinem Lebensmittelladen bald unentbehrlich. Viele Jahre lang belieferte er Kindergärten mit frischem Obst und Gemüse.

Über vierzig Jahre nach der Eröffnung war es Kerstin, die nahezu jeden Tag an dem charmanten Ladengeschäft vorbeilief, das mittlerweile nur noch zwischen sechs und neun Uhr morgens geöffnet hatte. Kerstin besuchte Grobitsch immer wieder in seinem Geschäft. „Ich habe ihm gesagt, dass dieser schöne Laden perfekt sei für ein kleines Café, von dem ich träumte."

Doch Grobitsch lehnte zunächst ab. Dass die beiden am Ende doch noch zusammenfanden, war ein großes Glück. Denn nach einjähriger Umbauphase erstrahlt der denkmalgeschützte Laden seit 2010 in neuem Glanz.

Es ist beeindruckend, wie sehr die beiden durch dieses Projekt miteinander verbunden sind. Jung und Alt in perfekter Harmonie. So kann es sein. Das erkennt man am Namen, das merkt man aber auch deutlich daran, dass die Geschichte des ehemaligen Lebensmittelladens bis heute sichtbar geblieben ist. Ein großes Schwarz-Weiß-Foto an der Wand zeigt Alexander Grobitsch im weißen Kittel vor seinem Geschäft. Einige Regale im Café stammen aus der ehemaligen Ladeneinrichtung aus den 1950er Jahren.

Nicht nur die Kissen, auch die speziellen Kacheln mit Münchner Motiven sind echte Hingucker.

Und bis heute ist es auch nur eine Tür, die das Café von Grobitschs Privatwohnung trennt, die sich über dem ehemaligen Laden befindet. „Er kommt regelmäßig auf einen Kaffee herein und plaudert mit uns und den Gästen. Wir freuen uns darüber!", betont Kerstin und erzählt mir dann auch noch von einer hausinternen Notfallklingel, mit der sie Grobitsch in seiner Wohnung erreichen kann, wenn sie Hilfe braucht.

Wie früher der Lebensmittelladen pulsiert das charmante Eckcafé auch heute wie eine Lebensader durch das Westend. Nachbarn und Kaffeefreunde kommen gern in das stilvolle Café, in dem ein brasilianischer Bio-Kaffee der Marke „Moema" ausgeschenkt wird. Schokoladig und säurearm kommt der Espresso aus den Mogiana-Hochebenen bei den Gästen sehr gut an. Für Kerstin ist es ebenso wichtig, dass der Kaffee ohne Zwischenhändler fair gehandelt wird.

Doch der Anfang war nicht leicht, erzählt die Cafébetreiberin. „Ich habe so ziemlich alles falsch gemacht, was man falsch machen kann! Zwar hatte ich jahrelang gekellnert, aber ein eigenes Geschäft ist halt doch etwas anderes."

Auf die Frage: „Ach, gibt es hier nur eine Suppe?" reagierte sie intuitiv richtig. Mit der Zeit und mit einem guten Gefühl für ihre Gäste erweiterte Kerstin ihr Speiseangebot. Neben hausgemachten saisonalen Kuchen wie Kirschstreusel, Apfelkuchen, Aprikosenkuchen oder Rhabarber-Baiser werden wechselnde Mittagsgerichte serviert. Schweinebraten, Schinkennudeln, Sellerieschnitzel, Kartoffelgulasch oder Lasagne al forno, all das und mehr wird in der kleinen Küche täglich frisch zubereitet.

Im Lohner & Grobitsch vereinen sich Vergangenheit und Gegenwart.

A gscheide Kartoffelsuppn

Zutaten für 4 Portionen
1 kg Kartoffeln
1 Bund Suppengemüse mit Lauch, Karotte,
Stück Knollensellerie
2 Zwiebeln
Salz, Pfeffer, Muskatnuss

Zubereitung
Zuerst Gemüse schälen und den Lauch
putzen (halbieren und waschen). Die Zwiebeln
klein würfeln. Sellerie würfeln. Karotten und
Lauch halbieren und in Scheiben schneiden.
Kartoffeln in mundgerechte Stücke schneiden.
Ein Stück Butter in einem Topf schmelzen und
die klein gewürfelten Zwiebeln darin anschwitzen. Dann Lauch, Karotten und Sellerie
dazugeben und unter Rühren ein bisschen
köcheln lassen. Schon mal mit Salz und Pfeffer
würzen.

Kartoffeln dazugeben und mit Gemüsebrühe
aufgießen. Deckel drauf und so lange köcheln
lassen, bis die Kartoffeln weich sind.
Mit einem Kartoffelstampfer ein wenig die
Kartoffeln zerdrücken. Dann wird die Suppe
schön sämig und das Gemüse bleibt trotzdem
erhalten.

Mit Salz, Pfeffer und frisch geriebener
Muskatnuss abschmecken – fertig!
Ob man die Suppe ganz püriert oder noch
einen Schuss Sahne dazugibt, bleibt jedem selbst
überlassen. Auch eine Wiener in der Suppe
schmeckt sehr lecker.
„Die Suppe steht und fällt mit den Kartoffeln.
Wir bekommen unsere aus Schrobenhausen,
da bin ich aufgewachsen und da schmecken
die Kartoffeln."

Die Gäste sind bunt gemischt, Geschäftsleute kommen ebenso wie Mütter mit
ihren Kindern. Für die gibt es eine Kinderecke und einen Wickeltisch. „Das Café
findet die Gäste, die dazu passen und die sich hier wohlfühlen", davon ist Kerstin
überzeugt.

Am Ende fällt mein Blick dann doch noch einmal auf die schönen handbemal-
ten Fliesen der Theke. Das Münchner Kindl, ein Münchner im Himmel und die Bavaria, hier sind sie alle einträchtig versammelt.

 Lohner & Grobitsch Sandtnerstraße 5, 80339 München, www.lohnerundgrobitsch.de

Café Kitchenette

„ALLES MIT HERZ!"

¶

Es sind nur ein paar Schritte vom Harras in München-Sendling bis zu dem kleinen Café namens Kitchenette in der Plinganserstraße 38a, das sich an die Seite eines mit Platanen bewachsenen Hofs am Rande des Hauptplatzes schmiegt. Es ist leicht zu übersehen und deshalb kommt es vor, dass neue Gäste mit einem überraschten Ausruf eintreten: „Oh, ich wusste gar nicht, dass es hier so schön ist!" Dann scheint ein wissendes Lächeln über die Gesichter der anwesenden Gäste zu huschen und fast vermag man die stille Antwort zu hören: „Oasen müssen eben erst entdeckt werden."

Geführt wird das Café von Josefine Raschdorf, genannt Josy, und ihrer Familie: Mutter Christiane, Vater Andreas und Bruder Philip. Ein richtiger Familienbetrieb also.

Josys Liebe zum Backen wurde schon früh von der Oma begründet. Schon als kleines Kind half sie Mutter und Oma bei der Zubereitung der feinsten Kuchenkreationen. Deshalb lautet eines der Qualitätsmerkmale im Café auch: „Es soll schmecken wie bei der Oma." Josy und ihr Team erhalten Omas Rezepte am Leben und bringen eigene, moderne Kuchenkreationen ein. Josy hat ihr Handwerk von der Pike auf gelernt. Drei Jahre dauerte die Ausbildung zur Konditorin, danach ging es weiter zur Meisterschule nach Heidelberg. Außerdem arbeitete sie für einige Monate in Frankreich als Konditorin.

Heute sitzt jeder Handgriff, wenn sie die „Himmelstorte" oder die „Pink Lady" zubereitet. Genau genommen führt die Familie sogar zwei kleine Cafés in München. Den Anfang machte das „Café 111" in der Kistlerhofstraße 111, dann kam das Café Kitchenette in Sendling dazu.

Die kleinen Tische draußen unter den Platanen sind einladend, doch ich setze mich auch gern auf die hohe Bank im Inneren des Cafés. Hier hat man einen guten Überblick und kann die Harmonie innerhalb der Familie Raschdorf spüren. Eine raumgreifende Theke, dahinter die kleine Küche, die der Bezeichnung „Kitchenette" (kleine Küche) sehr gerecht wird. Als Gast ist man ganz nahe dran und beobachtet fasziniert, wie sich Josy und ihr Team fast tänzerisch auf kleinstem Raum bewegen.

Es war ausgerechnet Josys Vater, ein gestandener Finanzberater, der eines Tages sagte: „Ich mache Schluss mit dem Bankgeschäft. Lasst uns ein Café eröffnen!" Damit sprach er seiner Tochter aus der Seele und auch seine Frau Christiane brachte als Hotelfachfrau einiges an Erfahrung mit. Kurz überlegte man noch, ob man ein Hotel am Spitzingsee eröffnen sollte, verwarf den Gedanken aber wieder.

Die Gäste des Kitchenette sind heute froh darüber. Jeder Kaffee der Marke „Borbone red – Venedig" aus einer Rösterei in Neapel wird in dem Café am Harras mit einem Milchschaumherz serviert. Und statt des üblichen Kekses findet man ein Eiskonfekt auf der Untertasse. Kaum habe ich den ersten Schluck probiert, verrät mir Josy noch ein lustiges Detail: „Auf der Webseite der Rösterei steht, dieser Kaffee ist für Deutsche zu stark!"

Mir schmeckt der Kaffee, genauso wie die Frühstücksgerichte, die hier die Namen von Schauspielern tragen. So finde ich hier neben „Emma Watson – eine kleine Zauberei zum Frühstück mit hausgemachten Scones & Marmelade und

Die ganze Familie hilft mit und verleiht dem kleinen Café am Harras so seinen unverwechselbaren Charme.

Clotted Cream" auch „Heinz Erhardt – wie daheim nur etwas anders" oder „Clint Eastwood", der mit 200 Gramm Rindersteak mit Spiegelei, Bratkartoffeln und Grilltomate auf dem Teller einschlägt. Das letzte Gericht war ebenfalls eine Idee des „im positiven Sinne verrückten Papas", der der Ansicht war: „Wir müssen auch was für richtige Männer auf der Karte haben!"

Das starke Geschlecht mag ihm dankbar sein, die anderen freuen sich auch über die Eier im Egg Coddler. Während man diese in den extra dafür vorgesehenen zierlichen Eierbechern genießt, in denen die Eier auch gekocht wurden, und den Blick durch den Raum schweifen lässt, begegnet man den Fotografien einiger Schauspieler, die den Gerichten ihren Namen gegeben haben. Täglich wechselnde Mittagsgerichte runden das Angebot ab.

Wer noch nicht genug hat und Torten für besondere Anlässe sucht, dem seien noch Josys Mottotorten sehr ans Herz gelegt. Auch ausgefallene Wünsche sind möglich. „Todesstern", „Englandtorte" oder „Steaktorte" kreierte Josy in ihrer Backstube schon als köstliche Überraschung für ihre Kunden. Außergewöhnlich auch die „Was-wird's-Torte", deren Füllung (rosa oder hellblau) den ahnungslosen Gästen verrät, ob die werdenden Eltern ein Mädchen oder einen Jungen erwarten.

Die Kuchen der Meisterkonditorin Josy machen das Kaffee am Harras zu einem wahren Kuchenparadies. Hier kann man auch außergewöhnliche Mottotorten bestellen.

Pink Lady

Für eine Springform (26 cm Durchmesser)

Zutaten für den Cookie-Boden

250g zerkleinerte Schoko-Cookies
125g geschmolzene Butter

Zutaten für die Frischkäsecreme

500 g Erdbeeren
9 Blatt Gelatine
400 g Frischkäse
250 g Joghurt
125 g Zucker
etwas Zitronensaft
200 ml Sahne
1 Päckchen Vanillezucker

Zubereitung

Die Springform einfetten. Die zerkleinerten Schoko-Cookies und die geschmolzene Butter vermengen und auf dem Boden der Springform verteilen.
Gelatine in sehr kaltem Wasser einweichen.
Die Erdbeeren pürieren. Ein Viertel dieser Masse für die Deko separieren.
Jetzt die Sahne steif schlagen und diese zur Seite stellen.
ACHTUNG: nicht zu lange schlagen, kann zu Butter werden!

Frischkäse, Joghurt, Zucker, Zitronensaft, Vanillezucker und die Hälfte der übrigen Beerenmasse mit dem Handmixer verrühren. Die andere Hälfte der Beerenmasse in einem Topf erwärmen, bis es dampft. Gelatine mit den Händen ausdrücken, bis kein Wasser mehr entweicht. Diese dann in die dampfende Fruchtmasse geben. Warten bis die Gelatine aufgelöst ist. Dann unter ständigem Rühren unter die Frischkäsemasse geben und glatt rühren. Die geschlagene Sahne vorsichtig unterheben. Die Masse auf den Boden verteilen. Kalt stellen.

Zur Dekoration die beiseitegestellte Beerenmasse auf die erkaltete Torte streichen.

Das Kitchenette ist in jedem Fall ein familiengeführtes Café mit ganz viel Herz. Es ist unbedingt einen Besuch wert!

 Café Kitchenette Plinganserstraße 38a, 81369 München, www.cafe111.de/Cafe-Kitchenette

12

Café Schuntner

„BODENSTÄNDIG UND EINFACH GUT!"

¶

Das Café Schuntner in der Plinganserstraße 10, direkt gegenüber der Sendlinger Kirche, hat eine lange Tradition. 1947 wurde es von Therese Schuntner eröffnet, nachdem sie von der amerikanischen Militärregierung die Genehmigung dazu erhalten hatte. „Vermutlich wurde der Bau damals hauptsächlich mit Kuchen und Torten bezahlt, denn die Leute hatten ja nichts zu essen", erzählt mir der Konditormeister Thomas Heinrich, der das Café Schuntner seit 2011 führt. Der gebürtige Chiemgauer hat sowohl Bäcker als auch Konditor gelernt. Auch seine Eltern waren schon selbstständig. „Da muss man halt immer noch ein bisschen mehr arbeiten", erzählt er ohne Bedauern. Am liebsten ist es ihm, wenn er morgens mit dem Rad ins Schuntner fahren kann, denn der Sendlinger Berg mit seinem dörflichen Charakter erinnert ihn an zuhause. Das Café steht auf dem Gelände des ehemaligen Schwabenbauernhofs.

Therese Schuntner, die früh ihren Mann verloren hatte, pachtete das Grundstück von der Witwe Müller und ließ am Sendlinger Berg einen der ersten Münchner Neubauten errichten. Das Café entstand im Erdgeschoss, darüber die Antonius-Tenne, ein Restaurant. Im Dachgeschoss gab es eine Wohnung für Therese und ihre beiden Kinder. Sie hatte seinerzeit eine genaue Vorstellung davon, wie ihr Café eingerichtet sein müsse. Eine edle Wandvertäfelung aus Holz, ein Kachelofen mit einem Bild der Sendlinger Kirche St. Margaret und Ölbilder des Akademieprofessors Max Doerner aus Familienbesitz entsprachen dem Zeitgeist. Sogar ein Flügel war im Gastraum zu finden, der sicher für heitere Stunden sorgte. Der Gastraum ist bis heute weitestgehend erhalten.

Heute steht ab fünf Uhr morgens Thomas in der Backstube und backt als erstes Brezn und Semmeln. „Ich bin ein Morgenmensch. Die ersten zwei Stunden in der Früh sind am schönsten. Und wenn dann die manchmal noch unausgeschlafenen Gäste kommen, können sie sich auf mich verlassen. Dann ist alles fertig und ich schaue, was ich ihnen Gutes tun kann."

Thomas erzählt mir, dass er diese Momente ganz besonders liebt. Jeder hier kennt sich, deshalb fühlt er sich manchmal wie in einem Dorf. Und die Gäste schätzen, dass er dem traditionellen Kuchen und Gebäck treu geblieben ist. „Bei uns gibt es zum Beispiel noch eine hausgemachte Prinzregententorte. Die ist richtig aufwendig." Doch die Kühltheke hat noch viel mehr zu bieten: Sachertorte, Schwarzwälder Kirschtorte, Käsekuchen, Käse-Sahne, Scheiterhaufen mit hausgemachter Vanillesoße oder Rohrnudeln. Rund 15 bis 20 verschiedene Kuchen und Torten gibt es unter der Woche täglich, am Wochenende sogar noch mehr. „Damit wir alle in der Kühltheke präsentieren können, müssen wir sie halbieren."

Ein bisschen hat Thomas das ehrwürdige Café, das so viele Münchner kennen, bei seiner Übernahme 2011 aber schon umgebaut. Der vordere Verkaufsbereich mit der halbrunden Verkaufstheke wurde geschmackvoll modernisiert und erstrahlt in hellen Farben. Einige hohe Tische und Hocker laden ein, sich

vis-à-vis all der köstlichen Kuchen und Torten hinzusetzen und sich der Qual der Wahl zu stellen. Sie schmecken alle! Geht man durch Kuchenparadies und Verkaufsbereich hindurch, kommt man zunächst an der kleinen Küche vorbei, in der täglich die Mittagsgerichte frisch zubereitet werden. Auch der Chef kocht hier höchstpersönlich mit. „Ich liebe es zu kochen, vor allem Suppen und vegetarische Kost.

Das Schuntner hat seinen Gastraum im ursprünglichen Zustand erhalten. Läuft man von der Kuchentheke hierher, kommt das einer Zeitreise gleich.

Das habe ich mir selbst beigebracht. Zusammen mit meiner Köchin und den Aushilfen bekommen wir hier jeden Tag abwechslungsreiche Gerichte hin."

Ein paar Schritte weiter offenbart sich dann die Vergangenheit: Während vorne am Verkaufstresen die Moderne eingezogen ist, wurde im hinteren Teil die Geschichte des Cafés bewahrt. Hier wartet Therese Schuntners' behagliche Gaststube. Der

große Kachelofen, typische Holzstühle und Tische, karierte Kissen und Gardinen versprühen altbayerische Gemütlichkeit. Man lehnt sich zurück und Thomas und sein Team kümmern sich um den Rest.

„Man muss flexibel bleiben und mit offenen Augen und Ohren auf seine Gäste schauen", lautet das Credo von Thomas und seinen Mitarbeitern. Diese Gäste schätzen – so wie ich – auch den guten Kaffee, der im Café Schuntner ausgeschenkt wird. Der exklusive „Sendlinger Espresso und Kaffee" wurde von Röstmeister Hans Piller in seiner kleinen Rösterei „Bohnenreich" in Kolbermoor bei Rosenheim kreiert.

Thomas ist ein Chef für alle Fälle. Er arbeitet überall mit. Jeden Tag läuft er gefühlt fünfzig Mal in die Backstube runter, die sich im Keller des Schuntner versteckt. Thomas als Konditormeister und sein Team aus drei Konditoren beherrschen ihr Handwerk und arbeiten damit entschieden gegen das allgemeine „Sterben der Konditoreien" in München. Was seinen Beruf angeht, hat Thomas eine ganz klare Meinung: „Es ist meine Lebensaufgabe, Konditor zu sein. Etwas anderes könnte ich mir gar nicht vorstellen."

„Zum Glück", kann ich nur sagen, denn dann werden wir auch weiterhin die guten und anspruchsvollen Kuchen genießen dürfen.

 Café Schuntner Plinganserstraße 10, 81369 München, www.cafe-schuntner.de

Weiße Cappuccino-Mousse-Torte

Für eine Springform (26 cm Durchmesser)

Zutaten für den Schokoladenbiskuit

8 Eier

250 g Zucker

1 EL Vanillezucker

1 Prise Salz

150 g Mehl

50 g Speisestärke

50 g Kakaopulver

30 g zerlassene Butter

Zutaten für die Füllung

700 g Sahne

70 g Zucker

70 g Espresso-Bohnen

40 g Läuterzucker (siehe unten)

4 Blatt Gelatine

Topping 1. Variante

etwas Kakaopulver

Topping 2. Variante

80 g Kaffeelikör

1 Blatt Gelatine

Zubereitung

Für den Schokobiskuitboden in einer Metall-schüssel die Eier, den Zucker, den Vanillezucker und die Prise Salz mit einem Schneebesen im heißen Wasserbad aufschlagen, bis die Masse leicht warm ist (40°C). Dann mit dem Rührbesen des Handmixers die Eimasse kalt schlagen, bis sie schaumig und dickcremig ist.

Das gesiebte Mehl mit Speisestärke und Kakaopulver mischen und vorsichtig unter die Eimasse heben. Zuletzt die warme Butter langsam unterziehen.

Die Masse in eine gefettete und leicht bemehlte oder mit Backpapier ausgelegte Form geben, die Oberfläche glatt streichen und im vorgeheizten Backofen bei 180 Grad (Ober- und Unterhitze) etwa 40 Minuten ohne Luftzufuhr backen. Abkühlen lassen.

Für die Füllung Sahne und Zucker gemeinsam mit den Espresso-Bohnen in einem Topf vorsichtig aufkochen. Vom Herd nehmen, abkühlen lassen und mindestens 5 Stunden, am besten über Nacht, in den Kühlschrank stellen.

Läuterzucker herstellen: 20 g Zucker mit 20 g Wasser zusammen aufkochen und beiseitestellen.

Die Espresso-Sahne durch ein Sieb in eine Rührschüssel gießen. Dann mit dem Handrührer aufschlagen, bis sie steif ist. Die Gelatine in kaltem Wasser ein paar Minuten einlegen, ausdrücken und dann in dem warmen (gegebe-nenfalls nochmals anwärmen) Läuterzucker auflösen. 1 bis 2 Esslöffel der kalten, geschlage-nen Sahne in die Zucker-Gelatine-Mischung geben und verrühren, jetzt alles unter die restliche Sahne geben.

Die Sahne nun zügig, bevor die Gelatine fest wird, in die Kuchenform mit dem Biskuitboden einfüllen und die Oberfläche möglichst glatt streichen. Den Kuchen mindestens für 2 Stunden im Kühlschrank fest werden lassen.

Den Abschluss kann man je nach Geschmack verschieden gestalten. Die einfachste Variante ist, die Oberfläche mit Kakaopulver zu bestäuben und nach Belieben zu verzieren.

Raffinierter und optisch prächtiger: ein Blatt Gelatine in kaltem Wasser auflösen.

80 g Kaffeelikör in einem kleinen Topf erwärmen, die Gelatine darin auflösen und die Mischung vorsichtig über den kalten Kuchen geben. Kühl stellen, bis der Gelatinespiegel fest geworden ist.

13

Café Erika

„WIR SIND UNSERE
ERSTEN GÄSTE!"

¶

Das Café Erika ist so neu, dass es vermutlich noch nicht einmal die Sendlinger, die in der Nachbarschaft leben, entdeckt haben. Das Café liegt nämlich ein bisschen versteckt in der Senserstraße 7. Erst im Mai 2017 haben die beiden Cafébetreiberinnen Judith Starck und Esther Szolnoki ihr Erika nach einer intensiven Umbau- und Einrichtungsphase eröffnet.

Namensgeberin war Esthers Großtante Erika aus Görlitz, die als Hauswirtschafterin bei ihren Großeltern gearbeitet hatte. „Sie hat für die Familienmitglieder gekocht und war für alle da. Ohne Tante Erika ging gar nichts und die Küche war der Lebensmittelpunkt der Familie. Deshalb sollte sie unbedingt Namenspatin für das Café werden."

Es hat ein paar Telefonate gedauert, bis Tante Erika, heute 85, sich daran gewöhnt hat, dass es in München nun ein kleines Café gibt, das ihr gewidmet ist. „Erst mal hat sie nur gelacht, aber dann hat sie sich auch gefreut."

Da Erika zur Eröffnung nicht persönlich kommen konnte, schickten Esther und Judith ihr ein Fotoalbum von der Feier.

In ihrem „alten Leben" arbeiteten die beiden viele Jahre in Verlagen. Judith war zuletzt Gartenbuch-, Esther Kochbuchredakteurin. Keine schlechte Grundlage. Die Idee vom eigenen Café reifte in Judith auf einer Reise. In Stockholm begeisterte sie sich für ein Café im Gewächshaus. Sie selbst hat einen Schrebergarten, baut dort allerhand Kräuter an und probiert Smoothie-Rezepte mit Löwenzahn oder essbaren Blüten aus.

HEUTE IM CAFÉ ERIKA 24.05.2017

SANDWICH 4.90
• ~~~ian-Birne + Ziegenkäse~~

BROT MIT 2 AUFSTRICHEN
• Linsen orientalisch 5.90
• Ziegenkäse mediteran

SALAT IM GLAS 6.90

Couscous (mit Gemüse & Minze)

FRISCHE WAFFELN
herz~~~ süß 4.80

KUCHEN 3.20
ERIKA'S Quark-Gries
Birnenstreusel (vegan, glutenfrei)
Weiße Schokolade-Mohn
Amaretti-Kaffee

Mohnschnecke 1.20

SMOOTHIE
• Rhabarber + Blatt~
(Banane, Birne)

MITTAGESSEN
Karotten-Ingwer-
Knödel mit
Lauchsoße
6.50

Tante Erika schenkte Esther schließlich ihr Kuchenrezeptbuch: Dieser Schatz an handschriftlichen Rezepten und der gemeinsame Traum waren die Grundlage für das Café Erika in Sendling. „Ich habe Judith irgendwann gefragt, ob sie meine Cafépartnerin werden will, und sie hat ‚ja‘ gesagt.“

Kaum war der Entschluss gefallen, schauten sich die beiden in anderen Cafés um, besuchten Coachings und absolvierten ein Barista-Seminar. Mehr und mehr nahm das eigene Café vor ihren Augen Gestalt an.

Das Café Erika empfängt seine Gäste heute sehr einladend mit hellen, frischen Farben. Judiths Lieblingsfarbe ist unübersehbar Türkis, etwas, was sie wohl von einem Auslandssemester auf Hawaii „mitgebracht“ hat. Dazu zitronengelbe Lampen, Holztische aus altem Turnhallenparkett und ehemalige Industrie- und Schulstühle. Mir gefällt auch die gemütliche lange Bank an der Wand mit den bunten Kissen und den schwenkbaren Tischchen sehr. Grüne Akzente setzen die beiden Cafébetreiberinnen durch hängende Kräutertöpfchen. Wer es luftig mag, kann sich in den zauberhaften kleinen Innenhof setzen und seinen Bio-Kaffee dort genießen.

Der Bio-Espresso stammt aus der Kaffeerösterei „Baruli“ aus Stein a. d. Traun im Chiemgau. Der Röster Uli Niedersteiner hat sich „Direct“ und „Fair Trade“ ganz

Die Tische aus Turnhallenparkett könnten Geschichten erzählen. Man kann auf ihnen aber auch einfach nur frühstücken.

groß auf die Fahne geschrieben. Die Cafébetreiberinnen schenken einen äthiopischen Wildkaffee und einen „Pacha Mama" aus Peru in die Tassen ihrer Gäste ein.

Zum guten Kaffee schmeckt ein hausgemachter Kuchen (oft nach Tante Erikas Rezepten); mindestens einen gibt es auch vegan und glutenfrei. Bio-Säfte, Müsli, Porridge, Bio-Brot, Brezn, Croissants, hausgemachte Aufstriche, Waffeln, Bio-Eier und mehr lassen jedes Frühstücksherz höherschlagen. Wer viel Hunger hat, wird auf der kleinen wechselnden Wochenkarte ganz bestimmt fündig. Besonders lecker sind die Salate im Glas. Im Café Erika kommen nur hochwertige, möglichst regionale Produkte auf den Tisch. Darauf wird allergrößten Wert gelegt.

Gute Idee: Die runden Tische an der gepolsterten Sitzbank sind schwenkbar.

Tante Erikas Eierschecke

Für eine Springform (26 cm Durchmesser)

Zutaten Mürbeteig

200 g Mehl
40 g Zucker
100 g Butter
2 TL Backpulver
1 Ei

Zutaten 1. Schicht

500 g Magerquark
200 g Zucker
1 EL Vanillepudding-Pulver
1 Ei
2 EL Öl
1 Päckchen Vanillezucker
etwas Zitronensaft

Zutaten 2. Schicht

1 Päckchen Vanille-Pudding
½ l Milch
100 g Butter
4 Eigelb
4 Eiweiß für Eischnee

Zubereitung Mürbeteig

Alle Zutaten zu einem Teig verarbeiten, 30 Minuten im Kühlschrank kalt stellen. Backform mit Butter ausstreichen und mit Semmelbröseln bestreuen. Teig ausrollen und mit kleinem Rand in die Form einlegen.

Zubereitung 1. und 2. Schicht

1. Schicht: Quark, Zucker, Puddingpulver, Ei, Öl, Vanillezucker und Zitronensaft verrühren.
2. Schicht: Pudding nach Packungsangabe zubereiten, Butter unterrühren, dann abkühlen lassen. In der Zwischenzeit Eier trennen. Wenn der Pudding lauwarm ist, Eigelb dazugeben. Eiweiß zu Eischnee schlagen und unterheben. Nacheinander die erste Schicht auf den Teig geben, dann die zweite. Eierschecke ca. 1 Stunde bei 170 Grad (Ober- und Unterhitze) backen.

Einmal im Monat schlagen die beiden ehemaligen Verlagsmitarbeiterinnen dann noch eine Brücke zu ihrem früheren Leben und stellen ein aktuelles Kochbuch vor, aus dem sie ein Rezept nachkochen.

Ich komme gerne wieder, denn das Café Erika macht einfach gute Laune!

 Café Erika Senserstraße 7, 81371 München, www.cafe-erika.de

gangundgäbe

„ALLES WIRD
GUT!"

¶

Andi Postrach „wollte zum Mittelpunkt der Erde" und spielt damit wohl auf seine Neugier an, diese Welt zu begreifen und zu durchdringen. Alles, was er sagt, sagt er mit jener Selbstverständlichkeit, die sich wie ein roter Faden durch sein Leben zu ziehen scheint. Er gehört zu den Menschen, die das Leben annehmen, wie es ist, und denen ein Spurwechsel nichts auszumachen scheint. Ganz im Gegenteil: Ein solcher hat ihn letztlich auf den Kaffee gebracht. Im November 2015 hat er seine liebenswürdige Rösterei unter dem Namen gangundgäbe eröffnet. In der Isarvorstadt, Kapuzinerstraße 12, ist Andi angekommen, doch hinter ihm liegt ein langer und sehr spannender Weg.

Aus seiner Heimat Gera zog es ihn zunächst an den Starnberger See ins Hotel „La Villa". Dort absolvierte er eine Ausbildung zum Hotelfachmann. „Schon als Kind wollte ich meinen Eltern etwas Gutes tun. Ich bin gern Gastgeber."

Im Hotel lernte er einen Ecuadorianer kennen, dem er nach seiner Ausbildung nach Ecuador folgte, um dort zu arbeiten. Diese Reise sollte Andi stark prägen. „Ich habe die Ungleichheit der Menschen vor Ort gesehen und hautnah erlebt. Das ist schon eine andere Welt! Während man selbst im Sterne-Hotel arbeitet und den Touristen sowie der ‚Oberschicht' alle erdenklichen Annehmlichkeiten bereitet, stehen vor den Türen Menschen, die wenig beziehungsweise fast nichts haben und täglich ums Überleben kämpfen ..."

Im Rahmen seines inzwischen aufgenommenen Wirtschafts- und Tourismusstudiums arbeitete er auf den kleinen Farmen der Kaffeebauern in Ecuador und lernte den Stellenwert des Natur-produkts Kaffee kennen und schätzen. „Der Kaffeeanbau ist für die Menschen in den Regionen die Lebensgrundlage und stellt gerade auch für die Jugend eine Alternative dar, die sonst die ländlichen Gegenden ver-lässt und in die Städte abwandert. Es ist eine mühselige Arbeit, die Kaffeepflanzen an den oft steilen Hängen intensiv zu pflegen, um später die reifen Bohnen ernten zu können. Das Leben der Menschen ist hart. Ihre Le-bensfreude, Offenheit und Liebe zur Natur haben mich aber zutiefst berührt."

Neben diesen intensiven Eindrücken war Andi begeistert von der Klarheit des Pro-dukts Kaffee. Durch seine Erfahrungen im Anbauland hat er seinen „Blick geweitet". Ein fairer, transparenter Handel, am besten mit den Farmern vor Ort, ist für ihn elementar.

Durch seinen Aufenthalt in Ecuador bei den Kaffeebauern lernte er Andreas Felsen von „Quijote Kaffee" aus Hamburg kennen. Die Kaffeeimporteure beziehen den Kaffee

direkt vor Ort von den Kooperativen, ohne Umwege und Zwischenhändler. Damit sprechen sie dem Röster aus der Isarvorstadt aus der Seele. Heute bekommt Andi seine Kaffeebohnen von „Quijote Kaffee" und damit direkt von Kooperativen in zum Beispiel Ecuador, Guatemala und Honduras.

„Das Leben ist voller Zufälle und jeder ist wichtig!", erklärt mir Andi und meint damit jeden einzelnen seiner Schritte bis hin zur eigenen Rösterei gangundgäbe.

Wenn Andi Kaffee macht, dann ist er ganz bei der Sache und die Welt draußen kann warten.

Andis Leben dreht sich aber nicht nur um Menschen und Kaffee, er schwärmt auch für Jazzmusik, die er im gangundgäbe gern auflegt und die ganz wunderbar in die Umgebung passt. Wer den Laden betritt, dem fällt sicher sofort das Klavier an der Wand auf. Andi wollte unbedingt eines für das Café. Und wieder war es ein Zufall, der ihn zum Ziel seiner Wünsche führte: „Als ich mit dem Fahrrad durch die Straßen der Stadt gefahren bin, höre ich plötzlich Klaviermusik durch die geöffnete Tür eines Trödelladens …" Den Rest kann man sich denken.

Heute gibt es gelegentlich sogar Konzerte im gangundgäbe unter dem Motto: „Jazz in der Rösterei". Dann werden die Tasten zum Leben erweckt. Ich nehme mir vor, bei einem der nächsten Konzerte unbedingt dabei zu sein, denn ich habe mich sofort in die Wärme, die das Café ausstrahlt, verliebt.

Das Interieur hat Andi aus „gelebt und modern" zusammengestellt. Einige der runden Tischplatten bestehen aus gebrauchten Kuchenblechen, die Bänke an der Wand stammen aus einer alten Kirche nahe Berlin. Klare Linien, Holz, das Regal aus Bananenkisten an der Wand – vielleicht aus Ecuador – und dann die große schwarze Röstmaschine, die den Raum auszufüllen scheint. Der Cafébereich besticht durch Klarheit und strahlt – nicht zuletzt durch Andi selbst – Wärme und Freundlichkeit aus. Hier kann man bei einer guten Tasse der hauseigenen Röstung die Seele baumeln lassen. Ich genieße jeden einzelnen Schluck, während im Hintergrund angenehme Jazzmusik läuft.

Aus alten Kuchenblechen wurden Tische und darauf passt prima eine Tasse Kaffee der hauseigenen Röstung.

Piccoccino

Die kleine, aber kraftvolle Variante des gangundgäbe-Cappuccinos. Mit einem hell gerösteten Espresso und frisch geschäumter Heu-Milch wird er im Glas serviert. Auf diese Weise entsteht ein süßlich-fruchtiger und cremiger Kaffeegenuss.

Bei der Zubereitung bestimmen viele Faktoren den feinen Geschmack des Piccoccinos. Wichtig ist natürlich einerseits die hohe Qualität der Zutaten. Wir verwenden für den Piccoccino direkt gehandelten und besonders verarbeiteten Kaffee z.B. von der Kooperative „COMSA" aus Honduras, frische Heu-Milch der Hofmolkerei „Pilch" aus dem Münchner Umland und speziell gefiltertes Wasser. Aber auch bei der Zubereitung selbst braucht es ein besonderes Feingefühl für die richtige Kaffeemenge, den Mahlgrad, die Durchlaufzeit und die Brühtemperatur, damit die feinen Aromen des Piccoccinos optimal zu schmecken sind.

Zutaten für 1 Portion

10 g Espresso (z.B. hell geröstet)
20 ml Wasser (gefiltertes Wasser)
100 ml Milch (frische Heu-Milch)

Zubehör

Der Piccoccino gelingt am besten mit einer Siebträger-Espressomaschine und einer entsprechenden Mühle. Wer dies jedoch nicht zur Hand hat, kann den Piccoccino auch im Espresso-Herdkännchen und mit einem Handmilchschäumer zubereiten.

Zubereitung

Am besten schmeckt der Piccoccino mit frisch gemahlenem Kaffee. Dafür die gerösteten Kaffeebohnen der Maschinenart entsprechend mahlen.

Entscheidend für das Geschmacksergebnis ist das richtige Verhältnis zwischen Wasser und Kaffeemenge sowie die Brühzeit des Espressos. Bei der Siebträger-Zubereitung sollte dieses Verhältnis 2:1 sein und die Durchlaufzeit des Espressos ca. 30 Sekunden betragen (am besten eine digitale Waage und eine Stoppuhr benutzen).

Die Milch auf maximal 60 Grad erwärmen und aufschäumen, bis ein gleichmäßiger, feinporiger Schaum entsteht. Anschließend wird der Milchschaum langsam in das Glas zum Espresso gegeben, um beides gut miteinander zu vermischen. Der obere Teil des Glases darf mit einer kleinen Milchhaube gekrönt sein. Et voilà, fertig ist der Piccoccino!

Tipp: Da alle Maschinen und Kaffeezubereiter in ihrer Beschaffenheit und ihren Einstelloptionen variieren, ist es empfehlenswert, sich die eingestellten Parameter zu notieren, um die gelungenen Kaffee-Ergebnisse wiederholbar zu machen.

Für den Röstvorgang nimmt sich Andi zweimal die Woche Zeit. Dann sperrt er das Café erst zur Mittagszeit auf und konzentriert sich einzig und allein auf die von ihm so wertgeschätzten Kaffeebohnen. Die eigenen Röstungen kann man nicht nur vor Ort trinken, sondern natürlich auch für zuhause kaufen.

Fragt man Andi nach seiner Zukunft, dann antwortet er ohne zu zögern und ganz selbstverständlich: „Ich stelle mir vor, dass ich auch mit über siebzig immer noch Kaffee mache!"

 gangundgäbe Kapuzinerstraße 12, 80337 München, www.gangundgaebe.de

15

Buch & Bohne

„ERLESENER KAFFEE
FÜR BELESENE MENSCHEN!"

¶

Mariann Geier hatte als Jugendliche die Gerüche und Bilder der Budapester Caféhauskultur im Kopf, als sie mit ihrer Familie nach München kam. Ohne ein Wort Deutsch zu sprechen, hätte sie sich jedoch niemals vorstellen können, dass gerade die Kombination aus Kaffee und Büchern einmal ihr Leben bestimmen würde.

Viele Jahre später – und inzwischen mit eigener Familie – blickte sie eines Tages von ihrer Wohnung aus auf die großen Schaufenster des leer stehenden Ladengeschäfts gegenüber, am Kapuzinerplatz 4, und ein Wunsch machte sich auf den Weg, wahr zu werden. Sie wollte Gastgeberin sein und dabei Kaffee, Kuchen und Bücher an einem Ort zusammenbringen! „Es fing mit dem Wollen an", sagt Mariann heute, „Ahnung hatte ich keine. Ich dachte, Buchhändler, das wäre ein geschützter Beruf, so ähnlich wie Apotheker."

Als sie schließlich vom Vermieter die Zusage bekam, wusste sie dann aber doch, was zu tun war. Von Anfang an plante Mariann, ihre Buchhandlung mit einem Café zu kombinieren. „Aber die Bücher und das Café sollen miteinander existieren, nicht räumlich getrennt!"

Wenn man das Buch & Bohne betritt, wird man sofort am Verkaufs- beziehungsweise Cafétresen empfangen. Die sinnliche Geruchslandschaft aus Büchern und Kaffee fängt einen augenblicklich ein. Fast wie in Italien kann man hier einen schnellen Espresso für einen Euro genießen und den Laden natürlich auch ohne Buch verlassen.

„Manche Gäste kommen nur wegen des guten Kaffees", sagt die Buchcafébetreiberin. Den bekommt sie von der bekannten und beliebten Kaffeerösterei „Supremo" aus Unterhaching. Die Rösterei kauft die Bohnen direkt bei den Kaffeebauern und verzichtet – soweit möglich – auf Zwischenhändler. Mariann legt großen Wert darauf, dass der Kaffee mindestens genauso gut ist wie die Bücher, die sie verkauft. Siebträgermaschine und Kaffeemühle sind für sie selbstverständlich.

Dabei sah Marianns Businessplan ursprünglich ganz anders aus: Sie rechnete mit Kunden, die einen Kaffee, einen Kuchen und ein Buch kaufen würden. Sie lacht herzlich, wenn sie daran denkt. „An die reinen Kaffeetrinker habe ich gar nicht gedacht."

Die Rechnung geht bei mir voll auf: Als Buch- und Kaffeeliebhaberin ist die besondere Atmosphäre im Buch & Bohne für mich absolut unwiderstehlich. Sobald man an einem der kleinen runden Tische, auf dem barocken Sofa oder am Tresen umgeben von Büchern sitzt, scheint die Zeit langsamer zu vergehen.

Bei der Einrichtung ihres Ladens war Mariann besonders kreativ. Einige der Büchertische entpuppen sich bei genauem Hinsehen als antike Nähmaschinentische. Die Lampen über der Theke bestehen aus aufgeschnittenen Plastikflaschen. Das ausgeklügelte Regalkonzept und die gemütliche Einrichtung vermitteln das Gefühl, sich in einem Wohnzimmer zu befinden.

Während die einen in den Buchwelten versinken, trinken die anderen einen guten Kaffee. Manche machen auch einfach beides.

„Man spürt die Achtung vor dem Buch", sagt Mariann. „Die meisten Kunden sind automatisch leise, wenn sie sich hier bewegen. Das bringt die Umgebung mit den Büchern wohl einfach mit sich."

Jeden Morgen steht sie mit einem duftenden, frischen Kuchen, den sie zuhause gebacken hat, in der U-Bahn, um ihn später im Buch & Bohne zu verkaufen. Die Gäste und Kunden können sich auf hausgemachten Apfelstrudel, Schokokuchen, Brownies und vieles mehr freuen. Und wenn ein neues Backbuch mit einem vielversprechenden Rezept erscheint, probiert sie es sofort aus. Deshalb gibt es neben reinen Kaffeetrinkern auch Gäste, die jeden Tag ein Stück Kuchen bei ihr essen. Mariann ist eine Gastgeberin mit Herz. „Bei mir kann man Muße finden und es sich in den kurzen Pausen des Alltags so schön wie möglich machen."

In der Hochsaison für Buchhändler, zu Weihnachten oder zum Schulbeginn, reichen einige Kunden Mariann mit verschwörerischer Miene eine Bücherliste über den Tisch. Und während man sich auf dem Sofa zurücklehnt und bei einem Stück Kuchen und Kaffee den eigenen Gedanken nachhängt, stellt Mariann dann die Bücher in aller Ruhe zusammen. Denn sie ist neben ihren Gastgeberqualitäten eine überaus engagierte Buchhändlerin. „Meine Kunden nehmen die Bücher mit in ihr Schlafzimmer und legen sie auf den Nachttisch. Ich möchte, dass sie mit einem guten Gefühl einschlafen und aufwachen."

Mariann liebt, was sie macht. Zweimal im Jahr fiebert sie den Neuerscheinungen der Verlage entgegen, denn sie liest ebenso gern wie ihre Kunden. Mehrmals im Jahr veranstaltet sie Literaturabende, zu denen sie interessante Autoren und ihre Bücher einlädt. Bei Kaffee, Kuchen und Quiche kann man dann Literatur hautnah erleben. Genauso begeistert steht sie hinter ihrer Theke und plaudert mit ihren Gästen bei einer guten Tasse Kaffee.

In Marianns Brust schlagen zwei Herzen: eines für Bücher und ein anderes für ihr Café – und das macht das Buch & Bohne zu einer außergewöhnlichen Begegnungsstätte mit Suchtgefahr!

 Buch & Bohne Kapuzinerplatz 4, 80337 München, www.buchbohne.de

Evis Apfelkuchen

Für eine Springform (28 cm Durchmesser)

Zutaten für den Teig

200 g Marzipan
175 g weiche Butter
175 g Zucker
1 Packung Vanillezucker
1 Prise Salz
3 Eier
300 g Mehl
2 TL Backpulver
Schale einer Zitrone

Zutaten für den Belag

1 kg Äpfel
1 Zitrone (Saft)
150 g Mehl
75 g Zucker
1 Packung Vanillezucker
100 g Butter
30 g gemahlene Mandeln

Zubereitung

Für den Teig Marzipan grob zerkleinern, mit
Butter vermischen und Zucker, Vanillezucker und
eine Prise Salz hinzufügen. Eier nach und nach
zugeben. Mehl mit Backpulver mischen, sieben
und unterrühren. Zitronenschale dazugeben.

Für den Belag Äpfel schälen, vierteln, entkernen
und in kleine Scheiben schneiden (hobeln). Mit
Zitronensaft beträufeln. Mehl sieben, mit Zucker,
Vanillezucker, Butter und gemahlenen Mandeln
in eine Schüssel geben, mit dem Rührgerät zu
Streuseln verkneten.

Teig in eine mit Backpapier ausgelegte Springform
streichen. Äpfel darauf verteilen und mit den
Streuseln bestreuen. Im vorgeheizten Backofen bei
175 Grad (Umluft) 50 bis 60 Minuten backen
(wenn der Kuchen zu dunkel wird, bitte abdecken).

„Dieses Rezept ist von meiner schwäbischen
Schwägerin, die schon grandios backen konnte,
bevor ich überhaupt daran dachte, eine
Buchhandlung zu eröffnen, geschweige denn
selber zu backen."

91

16

T7
Café & Tea

„WO DIE LIEBE DEN TISCH DECKT, SCHMECKT
DAS ESSEN AM BESTEN!"

¶

🔶 Kurz bevor die Thalkirchner Straße auf das Sendlinger Tor trifft, im Haus Nummer 7, befindet sich das Café T7, das von außen betrachtet wie ein reizendes „Mädchencafé" anmutet. Ein aufmerksamer Gast könnte aber vielleicht schon am Namenszusatz „Café & Tea" etwas mehr herauslesen: Frankreich und England, Paris und London mitten in München? Ist das möglich?

„Unbedingt, hier trifft französischer Flair auf vornehme englische Teekultur", versichert Angi Striedl, die sich aus beiden Ländern eben jene Kleinigkeiten herausgesucht hat, die sie hier auf die Teller ihrer Gäste zaubert. Und so kann man neben einem typisch französischen Croissant mit hausgemachter Erdbeermarmelade auch „Scones with clotted cream & jam" genießen. Auch Rühreier mit Bohnen und eine französische Zwiebelsuppe vertragen sich hier bestens. Die Speisekarte des T7 liest sich wie eine Reise, von der man nicht so schnell wieder zurückkehren möchte.

Als ich mich umschaue, bleibt mein Blick an einem metallenen Schild hängen, aufgestellt auf einem Tisch mit vielen kleinen Geschenkideen, die man hier kaufen kann: „Der Herr segne dich und behüte dich; der Herr lasse sein Angesicht leuchten über dir ... und sei dir gnädig; der Herr hebe sein Angesicht über dich ... und gebe dir Frieden. (4. Mose 6, 24 – 26)"

Und während mir Angi einen sehr guten Cappuccino statt mit Keks mit rosa Herzlutscher serviert, fühle ich mich angenehm berührt von dieser Atmosphäre und habe eine Ahnung, dass sich hinter dem pastellenen Traum von einem Café

wesentlich mehr verbirgt, als ich zunächst angenommen habe.

„Warmherzig" ist das erste Wort, das mir einfällt, als ich mit der Cafébetreiberin ins Gespräch komme. „Mir sind die Menschen wichtig", bestätigt sie meine Einschätzung und meint damit auch, aber nicht nur ihre Gäste. Ihr Herz brennt ebenfalls für ihre Angestellten und so beeindruckt sie mich mit den Worten: „Wer hier arbeitet, darf gesund und heil werden." Angi beschäftigt in ihrem T7 ganz bewusst auch Menschen, die Schwächen haben. Mir wird klar, dass sie einen Gegenpol zu der hektischen Welt draußen schaffen möchte.

Wie sich Nächstenliebe und Qualität miteinander verbinden lassen, kann man sehen und schmecken. Alle Speisen sind selbst gemacht. Neben süßen Petits Fours kann man im T7 auch Quiches, diverse Baguettes, Toasts oder Omelettes essen. „Für die Suppen machen wir sogar unsere eigenen Gemüsebrühwürfel!", erzählt die Cafébetreiberin. Konservierungsstoffe sind tabu. Diese Frau weiß genau, was sie will beziehungsweise was sie nicht will, denke ich und so wundert es mich nicht zu hören, dass Angi früher im Projektmanagement eines großen Unternehmens gearbeitet hat. Doch das reichte ihr nicht und sie verwirklichte ihren Traum von einem eigenen Café. Mit einem hundertseitigen Businessplan trat sie an und schuf ein Wohnzimmer der Menschlichkeit.

Englisch-französischer Chic erwartet die Gäste im T7, denen dort alles mit viel Herz serviert wird.

„Ich höre meinen Gästen gern zu und helfe, wenn ich kann", erklärt Angi. Die handgefertigte Wimpelkette an der Wand verkauft sie für eine Mutter von fünf Kindern. An solcher Kommissionsware verdient Angi nichts, sondern gibt die Einnahmen 1:1 weiter. „Ich will ja nicht reich werden", betont sie. Trotzdem kommt sie auf ihre Kosten, denn das Café unweit des Sendlinger Tors ist gut besucht und Sammler des ausgefallenen Porzellans der Marke „Greengate" können hier fündig werden. Aber auch Liebhaber einer guten Bohne dürften begeistert sein: Der Filterkaffee der Münchner Marke „Kafrika" wird direkt am Tisch aufgebrüht und Freunde des Siebträgerkaffees werden mit einer Röstung der Unterhachinger Familien-Kaffeerösterei "Supremo" verwöhnt.

Das Licht scheint hell durch das große Schaufenster des T7. Nur ein paar Meter trennen mich vom Trubel einer Millionenstadt. Hier kommt man schnell ins Gespräch und Angi freut sich darüber. „Es gibt für jeden einen Platz hier." Manchmal parken drei Kinderwägen vor ihrer Theke, ein anderes Mal kommt jemand mit einem Laptop herein. Angi geht von der Achtsamkeit ihrer Gäste aus und das funktioniert. Gelegentlich spielt jemand auf dem Klavier, das mit einem Aufsteller lockt: „Bitte spiel mich!"

Drinnen Ruhe, draußen die Hektik der Stadt. Da kann man sich ganz auf die Köstlichkeiten einlassen, beispielsweise die Macarons.

Bircher Müsli

Zutaten für 4 Portionen
40g gemahlene Mandeln oder Haselnüsse
40g kernige Haferflocken
2 Äpfel (nicht schälen)
25g Honig
300g Naturjoghurt

Zubereitung
Äpfel klein schneiden und in eine
Schüssel geben.
Mandeln/Haselnüsse und kernige
Haferflocken untermischen.
Honig und Joghurt dazugeben und alles
kurz pürieren.

Gleichmäßig in dekorative Schalen
verteilen, mit Obst und Minzblättchen
verzieren.

Als ich das Café verlasse, weiß ich, dass ich mit meiner Familie wiederkommen werde, vielleicht zum Afternoon Tea. Wir werden eine Etagere mit Pralinen, Gebäck, Scones und Sandwiches bestellen und die Wärme dieses besonderen Orts mitten in der Stadt genießen. Meine Tochter und mein Mann werden es lieben.

T7 Café & Tea Thalkirchner Straße 7, 80337 München, www.t7cafe.de

Aroma Kaffeebar

17

„IM HIMALAYA DER KAFFEEKULTUR!"

¶

Jürgen Altmann kommt aus Bayrischzell und ist unbestritten einer der Vorreiter der kleinen Café-Szene in München. Er eröffnete seine Aroma Kaffeebar in der Pestalozzistraße 24 schon im August 1998. Damals bestand das Café aus nur einem Raum. Gelernt hatte Jürgen eigentlich Industriekaufmann und war in einer Sportmarketingfirma beschäftigt, als er eines Tages seinen Freunden gegenüber den fast schicksalhaften Satz aussprach: „Es wäre schön, ein Café zu haben!" Er wird selbst nicht geahnt haben, wie sehr ihn die Arbeit in seinem Aroma heute erfüllen würde.

Beim Radeln entdeckte er dann den Laden unweit des Münchner Südfriedhofs. Fast ein Jahr lang kam Papa Fritz regelmäßig aus Bayrischzell, um gemeinsam mit seinem Sohn dem Aroma sein charakteristisches Gesicht zu geben. Da wurden alte Kinostühle zu hohen Hockern, Holzregale maßangefertigt und auch ehemalige Schulstühle fanden einen Platz am handgezimmerten Tisch. Heute muss Jürgen ein bisschen schmunzeln, wenn er daran denkt, wie er damals angefangen hat: „Ich hatte ja keine Ahnung. Ich wusste nur, alles sollte hausgemacht sein."

Schon während der Umbauphase dekorierte er das Schaufenster und suchte mit Aufrufen ganz gezielt nach speziellen Mitarbeiterinnen: „Omas gesucht, die für mich backen!" „Die Nachbarschaft hat sich vielleicht ein bisschen gewundert, was ich da mache", lacht Jürgen. „Schließlich haben sich aber tatsächlich einige Omis gemeldet. Die mussten dann Testkuchen backen. Aber am Ende haben dann doch meine Mama Karin und mein Papa Fritz für mich gebacken. Das machen sie übrigens noch heute ein bisschen, nämlich die Cookies und Cantuccini." Doch die

Speisekarte gibt noch viel mehr her und ist ein Sinnbild für Jürgens gute Laune: fröhlicher Joghurt, Scheiterhaufen, Schokoladenkuchen, Almcookie, Mamas Marmeladen, Vitaminbombe, liebestolles Müsli, Pausenbrot, Wilde Suppe, Monsterbaguette, Stadttoast, Bergtoast, schicke Scheibe, heiße Schnitte, fettes Brot ... Das Mittagsangebot reicht von Sandwiches, verschiedenen Suppen bis hin zu Pasta. Für dieses einmalige Essenskonzept ist Isabel Nonnenmacher verantwortlich, die Jürgen gerade am Anfang eine wertvolle Hilfe war.

In dieser Zeit arbeitete er oft mehr als 16 Stunden. „Da war ich manchmal fix und fertig. Wenn meine Freunde kamen, habe ich mich ein bisschen in den VW-Bus gelegt, der vor der Tür stand. Meine Freunde haben dann kurzzeitig das Café übernommen, aber niemand durfte an meine Espressomaschine!"

Seine Liebe zu ausgezeichnetem Kaffee hält bis heute an. Jürgen legt großen Wert auf ausgebildete Baristas und eine hochwertige Espressomaschine. Regelmäßig besucht er Kaffeemessen wie beispielsweise die „World of Coffee" in Amerika und Europa. Mit der Rösterei „Merchand & Friends" aus Glonn entwickelte er eine hauseigene Bio-Espressoröstung, die mit einem Hauch von Schokolade und Amaretto überzeugt. Freunde des handgebrühten Filterkaffees werden mit dem säurearmen Hauskaffee aus der Rösterei „Bühler" im Allgäu sicher glücklich. Damit seine Gäste auch andere Kaffees aus verschiedensten Röstereien kennenlernen können, gibt es regelmäßig einen Kaffee der Woche. „Mein höchstes Ziel ist es, dass sich hier jeder wohlfühlt."

Mich beeindruckt, mit welcher Überzeugung und Hingabe Jürgen sein Aroma führt. Er gehört zu den Menschen, die nicht lange planen und nachdenken, sondern direkt aus dem Herzen heraus handeln.

Bei Jürgen kann man Kaffee aus verschiedenen Röstereien kennenlernen. Dafür gibt es immer einen „Kaffee der Woche".

2004 nahm er sich eine „Aroma-Auszeit", um im Himalaya für eine Hilfsorganisation in einem Krankenhaus für Kinder zu arbeiten. Daraus entstand ein Projekt, das bis heute mit dem Aroma eng verbunden ist und das ich hier unbedingt vorstellen möchte: Jürgen sammelt Sonnenbrillen!

Durch seine Reisen im Himalaya wurde er auf ein Problem vieler Menschen dort aufmerksam. Durch die starke Sonneneinstrahlung kommt es zu schlimmen Augenerkrankungen und zur Erblindung. Deshalb sammelt Jürgen in der Aroma Kaffeebar gebrauchte Sonnenbrillen, lässt sie generalüberholen und bringt sie dann zu den Menschen im Himalaya. Auf diese Weise hat er schon 16.000 Brillen verteilt. Sein Projekt wird inzwischen nicht mehr nur von den Gästen seines Cafés unterstützt, er hat auch andere Sponsoren gefunden. Jürgens Projekt „Shades of love" hat eine eigene Webseite: www.shadesoflove.org.

Je länger ich mich mit dem engagierten Cafébetreiber unterhalte, umso größer ist die Erkenntnis, dass das Aroma viel mehr ist als ein Café im Münchner Glockenbachviertel. Es ist eine Lebensphilosophie, ein bestimmter Blick auf die Welt. Ich

Der Name ist Programm: Das Aroma bietet ein Fülle an sinnlichen Eindrücken.

Aroma-Avocado-Kuchen

Für eine Kastenform (30 × 10 cm)

Zutaten für den Teig

1 Avocado

1 TL Zitronensaft

225 g Margarine

150 g Zucker

50 g Agavendicksaft

1 Prise Salz

4 Eier

250 g Vollkornmehl

100 g gemahlene Mandeln

1 Päckchen Backpulver

50 ml Milch

Zutaten für den Guss

30 g Pistazienkerne

80 g Puderzucker

2 EL Limettensaft

Schale einer Limette

Zubereitung

Die Avocado mit Zitronensaft pürieren. Margarine, Zucker, Agavendicksaft und Salz cremig rühren. Eier einzeln unterrühren. Das Mehl nun mit den Mandeln und dem Backpulver vermischen. Die Mehlmischung mit der pürierten Avocado und der Milch unter die Masse rühren. Zuletzt wird der Teig in eine gefettete Springform gegeben.

Der Kuchen muss für 70 Minuten bei 150 Grad (Umluft) in den Backofen.

Für den Guss Limettenschale, Puderzucker und Limettensaft verrühren. Die Pistazien grob hacken.

Den Kuchen mit dem Guss überziehen und anschließend mit den Pistazien bestreuen.

„Als buntes Highlight streuen wir zum Schluss vor dem Servieren noch frische Blütenblätter auf den Kuchen."

habe Jürgen als jemanden kennengelernt, der helfen möchte. Er ist ein Menschenfreund und das bezieht natürlich auch sein Team und seine Gäste im Café mit ein. So etwas wirkt wie ein Magnet!

Da wundert es nicht, dass er 2006 das Aroma vergrößern musste und den Nebenraum dazu mietete. Die charmante Mischung aus Kramerladen und Café macht den Besuch zu einer Entdeckungsreise, auf die man unbedingt seine alte Sonnenbrille mitnehmen sollte!

 Aroma Kaffeebar Pestalozzistraße 24, 80469 München, www.aromakaffeebar.com

18

GötterSpeise

„EIN LADEN VOLLER
GLÜCKSGEFÜHLE!"

¶

Wer dem Namen des Cafés GötterSpeise auf die Spur kommen will, muss sich gedanklich in die südamerikanische Heimat des „Theobroma Cacao" begeben. Übersetzt bedeutet die botanische Bezeichnung des Kakaos „Speise der Götter". Daraus entstand auf einer Zugfahrt von Hamburg nach München der Name Götter-Speise, den Priti Henseler ihrem schönen Schokoladen-Café in der Jahnstraße 30, im Münchner Glockenbachviertel, geben sollte.

Im Mai 2002 eröffnete sie die GötterSpeise, deren Name unübersehbar Programm ist. „Überbordend" denke ich als ich mich umsehe. Überall entdecke ich Schalen, Etageren, Regale und Tische, gesteckt voll mit Schokolade, eingepackt in glitzerbuntes Papier und in allen erdenklichen Formen und Farben. Einige „Big-Fische", verpackt in glänzend blaues Stanniolpapier, ziehen die Blicke auf sich. Überhaupt scheint das aktuelle Thema gerade „Fisch" zu sein, denn ich entdecke auch noch einige täuschend echt aussehende Schokoladensardinen. Ein paar Minuten später wird mir die Cafébetreiberin verraten, dass sie sich immer wieder neue Themenwelten überlegt und von Zeit zu Zeit alles umräumt. „Manchmal suchen die Kunden dann etwas Bestimmtes und finden es nicht sofort wieder. Dafür entdecken sie etwas Neues und das gefällt mir."

Priti kennt die Reaktionen der Kunden, die das erste Mal hereinkommen: Sie reichen von Staunen bis hin zu einem gierigen Glanz in den Augen angesichts der Schokoladenpracht. „Ich habe meine Kindheit in Goa, in Indien, verbracht und daher kommt vermutlich die Liebe zum Bunten und Lebendigen. In der GötterSpeise

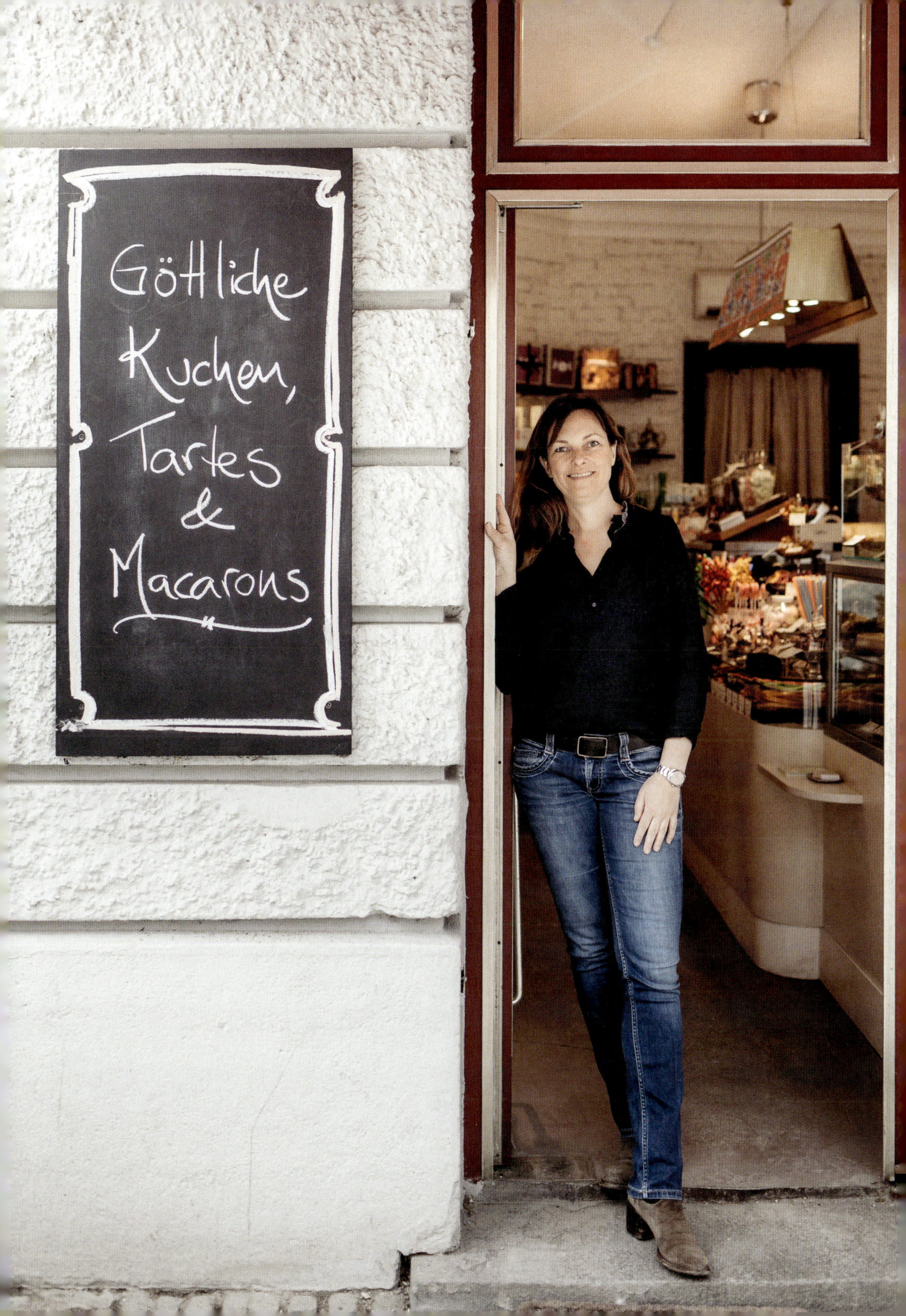
Göttliche
Kuchen,
Tartes
&
Macarons

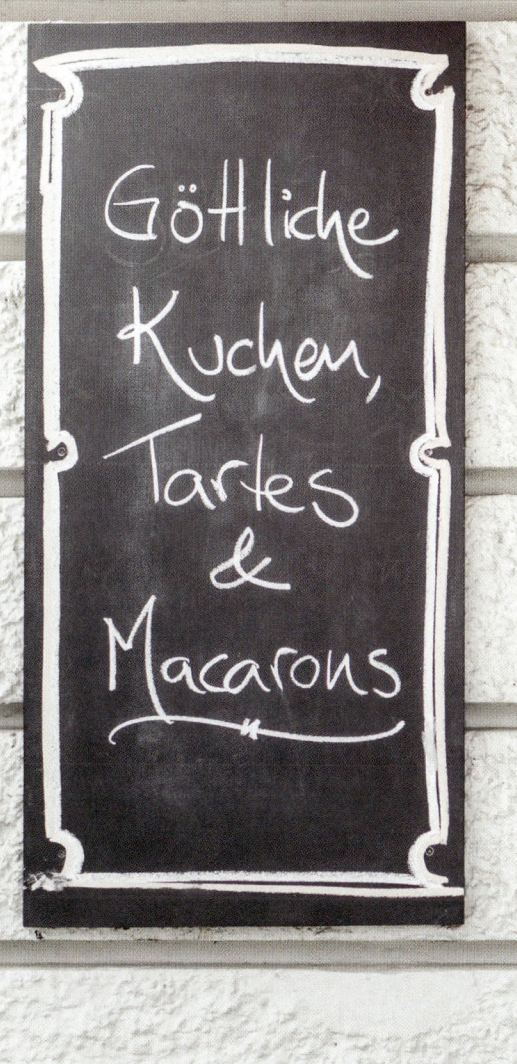

wird ständig alles aufgefüllt. Keine Schale, kein Tisch bleibt leer oder hat freie Stellen. Das gehört hier zum Konzept."

Bis zu ihrem zwölften Lebensjahr lebte Priti in Indien und damals war es etwas ganz Besonderes, wenn Freunde verpackte Schokoladenköstlichkeiten mitbrachten, die sie dann langsam auspackte und Stück für Stück aß. Denn die Schokolade in Indien war voller Konservierungsstoffe und enthielt entsetzlich viel Zucker, um die Schokolade bei der großen Hitze haltbar zu machen. Das war weit entfernt von jenen Gaumenfreuden, die Priti in der GötterSpeise verkauft.

Heute kommen die Gäste in ihr Café, um sich in einer sinnlichen Atmosphäre zu treffen, Kaffee zu trinken, Kuchen zu essen und natürlich Schokolade zu kaufen.

„Die GötterSpeise ist ein lebendiger genussvoller Ort, der Gefühle transportiert. Schokolade ist neben Kaffee die Krönung des Genusses", erzählt mir Priti strahlend. Zwischen 15 und 20 Personen arbeiten hier für diesen Genuss. Eine davon ist Konditorin, die in ihrer eigenen kleinen Backstube die köstlichen Kuchen und Macarons backt, die auch von Franzosen gern gekauft werden.

Die GötterSpeise teilt sich in zwei Räume auf. In einem befindet sich der Café-bereich, in dem einige Stehtische mit Sitzbänken entlang der Wände unter einem Kronleuchter Gemütlichkeit ausstrahlen. An der Kaffeetheke regiert eine „FAEMA E61"-Espressomaschine, benannt nach der im Jahr 1961 stattgefundenen Sonnen-finsternis. Das Team um Priti schenkt eine eigene Röstung mit – wie kann es anders

Bei Priti werden immer alle Schalen bis an den Rand gefüllt. Das ist wahrlich göttlich!

sein – Schokoladennote aus. Der Bio-Kaffee stammt aus der Rösterei „Merchant & Friends".

Wer mag, kann sich draußen auf die niedrigen Bänke vor eines der großen Schaufenster setzen und seinen Kaffee dort genießen. Guter Kaffee flankiert von einem Stück Schokolade oder gar einem besonderen Special: pure Kakaobohnen, die morgens beim Wachwerden oder beim Lernen helfen sollen. Superfood in seiner einfachsten Form. Die zertifizierten Bio-Bohnen stammen aus Peru und tragen das Fair-Trade-Zeichen. Eine große Bonbonniere, die bis an den Rand mit jenen peruanischen Kakaobohnen gefüllt ist, steht neben der Espressomaschine. Kaffeebohne und Kakaobohne, das passt.

„Da ist nur das Gute des Kakaos drin", schwärmt Priti, während ich eine einzelne Bohne zwischen meinen Zähnen knacken lasse. Erwartungsgemäß schmeckt sie ein bisschen bitter, aber auch geschmacksintensiv nach Kakao – ohne Zucker eben. „Früher war hochwertige Schokolade, genau wie guter Kaffee, noch nicht so im Bewusstsein der Menschen. Das hat sich heute geändert", erklärt mir die Cafébetreiberin, die auf Messen immer wieder nach neuen Geschmackserlebnissen sucht. „Manchmal kommen aber auch Kunden herein und zeigen mir eine besondere Schokolade!" Vielleicht hat Priti so zur „Schokoladensalami" gefunden, die garantiert auch jeden Vegetarier glücklich macht.

Der zweite Raum der GötterSpeise ließe sich auch als Schlaraffenland bezeichnen, denn er ist ganz und gar den feinen Tafeln, den Kuchen, den Pralinen, Schaumküssen, Lutschern, aber auch dem Wein und dem Tee gewidmet.

Der Kronleuchter schafft ein stilvolles Ambiente für Kaffeefreunde und Schokoladenliebhaber.

Caprese al Limone

(Zitronenkuchen mit weißer Schokolade)

Für eine Springform (22 cm Durchmesser)

Zutaten für den Teig

200 g Mandelmehl
180 g Zucker
1/2 Stange Bourbon-Vanille
180 g weiße Schokolade
Schale einer Zitrone
50 g Stärke
5 g Backpulver
100 g Olivenöl
5 Eier
1 Prise Salz

Zutaten für die Zitronencreme

120 g Frischkäse
50 g weiche Butter
120 g Puderzucker
3 EL Zitronensaft
Schale einer Zitrone

Zubereitung Teig

Die weiße Schokolade sehr gut zerkleinern.
Mandelmehl, 120 g Zucker, das Mark der
Vanilleschote, weiße Schokolade, Zitronenschale,
Stärke und das Backpulver gut vermischen.
Anschließend das Olivenöl hinzufügen und
gut umrühren.
In einer Schüssel Eier, 60 g Zucker und eine
Prise Salz mit einem Mixer ca. 15 Minuten
schlagen und dann zu den restlichen Zutaten
hinzufügen und gut vermischen.
Den Backofen auf 200 Grad (Ober- und
Unterhitze) vorheizen.
Die Springform einfetten, mit Stärke bestäuben
und den Teig einfüllen.
Den Kuchen im Ofen die ersten 5 Minuten auf
200 Grad backen und dann 45 Minuten auf
160 Grad. Den fertigen Kuchen abkühlen lassen.

Zubereitung Zitronencreme

Frischkäse und Butter in einer Schüssel
cremig rühren, dann den Puderzucker und
den Zitronensaft hinzugeben. Den restlichen
Puderzucker nach und nach dazu mischen.
Die Creme auf dem abgekühlten Kuchen
verteilen, mit geriebener Zitrone dekorieren
und in den Kühlschrank stellen.

„Wir dekorieren die Caprese auch noch mit
etwas Blattgold!"

„Wir haben hier im Team und mit unseren Gästen einfach eine richtig gute Zeit",
schwärmt die Cafébetreiberin. Nichts anderes käme mir in den Sinn, denn das Café
GötterSpeise ist ein Ort, an dem Träume wahr werden können.

Am Ende meines Besuchs überlege ich fieberhaft, wem ich einen „Big-Fisch"
mitbringen könnte.

 GötterSpeise Chocolaterie & Café, Jahnstraße 30, 80469 München, www.goetterspeise.info

19

Das Maria

„EIN AUSFLUG IN DEN ORIENT!"

¶

Der Orient befindet sich in der Klenzestraße 97 in München. Ich weiß das, seit ich das Maria besucht habe. Eröffnet wurde es schon 2005 und 2013 hat es dann Nadja Najib übernommen – mit ihr zog ein feiner, würziger Duft ein.

Jahrelang hat Nadja als verbeamtete Juristin gearbeitet und sich „niemals wirklich zuhause gefühlt." Dann endlich traf sie die Entscheidung: „Ich kündige!" Während sie mir von dieser Zeit erzählt, strahlt sie über das ganze Gesicht. Man braucht aber auch Mut und Geld, um diesen Schritt auch tatsächlich zu gehen. Dabei folgte sie streng genommen nur einem Rat, den ihr ihre Kommilitonen schon viel früher gegeben hatten. Sie wussten nämlich um Nadjas Leidenschaft für das Kochen und so rieten sie ihr immer wieder: „Wenn das alles nichts wird, liebe Nadja, dann machst du einfach ein Café auf!"

Wie durch ein Wunder wurde dann auch noch das Maria frei und landete als Angebot auf Nadjas Tisch. „Ich kannte es schon, war ein paar Mal als Gast da und hatte einem Freund noch gesagt: ‚Das Maria würde ich sofort nehmen'". Heute denkt sie, dass sie damit vielleicht so eine Art "Bestellung an das Universum" abgegeben hatte.

Ihr Traum wurde wahr und Nadja zog ein. Im Gepäck hatte sie ihre Leidenschaft und ihre Identität. Ihr Vater ist Jordanier, ihre Mutter kommt aus Deutschland. Nadja wurde in Tübingen geboren, verbrachte aber viel Zeit in Jordanien in einem Dorf namens „Malka". Genau diesen Namen gab sie viele Jahre später einem Frühstück im Maria, das sie von ihrer Großmutter kannte: Rührei mit Kräutern und

Berberitzen, Hummus, Labneh mit Za'tar (Frischkäse aus Joghurt mit Gewürzen), Oliven, Tomaten,
Gurken, Butter, Honig, frische Früchte und Fladen-
brot.

Es sind unter anderem diese Gerichte
ihrer Kindheit – ein bisschen angepasst und
deshalb noch besser, wie sie selbst sagt –, die
Nadja im Maria anbietet. Die Frühstücksvarianten klingen wie eine sinnliche Reise zu
Freunden aus aller Welt: „Maria in Marra-
kech", „Maria bei Fatima", „Maria bei Ali",
„Maria in Malka", doch die hiesige Heimat
kommt ebenfalls nicht zu kurz: „Maria
dahoam", „Maria bei Max", „Maria auf dem
Bauernhof". Die Geschmacksroute reicht von
Aprikosen-Frischkäse, Dattelcreme, Koriander, Tahina-Joghurt, Walnuss, Kardamom
und Orange bis hin zu Räucherschinken, Krus-
tenbrot und Bratkartoffeln. Eine ungewöhn-
lichere Frühstückskarte ist mir bislang noch
nicht begegnet. Die Tagesgerichte auf der
Tafel und die hausgemachten Kuchen setzen
diese Spannbreite fort. Woher das kommt?
Nadjas Antwort ist ganz einfach: „Meine
Mama hat gekocht und gebacken, meine jor-
danische Oma auch und meine Pflegeoma
ebenfalls, wenngleich klassisch schwäbisch."
Nadja hat es also im Blut. Noch Fragen?

Natürlich! Was gibt es für einen Kaffee? Der „Gattopardo" stammt aus der
„emilo"-Rösterei (S. 140) und wird als exotisch und raubtierstark beschrieben.
Selbstverständlich gibt es auch einen arabischen Mokka mit Kardamom oder einen
„Nous Nous" mit Kardamom und aufgeschäumter Milch sowie viele Tees.

Optisch schlägt im Maria die orientalische Seite voll durch. Die marokkanischen
Lampen stammen aus Nadjas früherer Wohnung und die aufwendig bestickten

**Die Schutzpatronin und Namensgeberin Maria
wacht über das Café und seine Gäste.**

Kissen haben ihre Eltern aus Jordanien mitgebracht. „Das war eine große Aufgabe für meine Eltern, denn es war gar nicht so einfach, so viele farblich zusammenpassende Kissen zu bekommen. Aber sie haben das mit Freude gemeistert und jetzt sieht es eben so aus wie bei uns zuhause."

Natürlich muss ich am Ende doch noch auf die vielen hübschen Marienbilder und Marienfiguren zu sprechen kommen, die sich vor allem in einer Ecke so auffällig versammeln. „Die Marienabbilder waren Namensgeber für diesen Ort und stammen noch von unserem Vorgänger. Natürlich haben wir die Maria hier als unsere Schutzpatronin übernommen. Sie gehört einfach hierher. Genau genommen ist sie für mich sogar so etwas wie eine Nachbarin aus Nazareth. Denn nicht weit davon entfernt wurde mein Vater geboren."

Den Orient muss man im Maria nicht lange suchen: Man erkennt ihn an der Einrichtung und hat ihn beim Essen auf der Zunge.

Scheherazades Liebestorte

(verzaubert zuverlässig!)

Für eine Springform (24 cm Durchmesser)

Zutaten für die Torte
6 Eiweiß (Raumtemperatur)
200 g Puderzucker
250 g Halwa* in kleinen Würfeln
200 g getrocknete Datteln ohne Stein
100 g getrocknete Berberitzen*
(alternativ Cranberries)
125 g gemahlene Mandeln
50 g gehackte Mandeln
50 g gehackte Pistazien
120 g grob gehackte weiße Schokolade
1 TL Rosenwasser

Zutaten für die Dekoration
150 g weiße Schokolade
75 ml Schlagsahne
Rosenblüten
Pistazien

Zubereitung
Den Backofen auf 160 Grad (Ober- und Unterhitze) vorheizen. Eine Springform mit Backpapier auskleiden oder mit geschmolzener Butter einstreichen.
Die Eiweiße mit einem Rührgerät/in der Küchenmaschine auf höchster Stufe zu Eischnee schlagen. Vorsichtig den Puderzucker einrieseln lassen und weiterschlagen, bis der Eischnee schön glänzend und fest ist. Ganz vorsichtig mit einem großen Löffel/Teigschaber das Halwa, die Trockenfrüchte, die gemahlenen und gehackten Mandeln, die Pistazien, die grob gehackte Schokolade und das Rosenwasser unterheben und gleichmäßig mit dem Eischnee vermischen. Der Eischnee sollte dabei möglichst wenig von seiner Luftigkeit verlieren.
Die Masse in die vorbereitete Springform geben und ca. 30 Minuten backen, bis der Kuchen fest ist (aber nicht hart!).
Den Kuchen etwas abkühlen lassen. Dann die restliche Schokolade für die Dekoration in der Sahne schmelzen und gleichmäßig auf dem Kuchen verteilen. Mit Rosenblüten und Pistazien dekorieren.
Zum Servieren den vollständig abgekühlten Kuchen aus der Form nehmen, auf einer hübschen Platte anrichten.
Am besten mit einem Mokka oder einer Tasse Minztee und viel Freude verzehren.

* Die etwas außergewöhnlicheren Zutaten gibt es in jedem arabischen Supermarkt, also z.B in der Landwehrstraße. Ein Abstecher dahin lohnt sich in jedem Fall und ist definitiv auch ein Ausflug in den Orient.

Wenn man im Maria zu Gast ist, fühlt man sich als Teil einer großen herzlichen Familie. Hier hat ein tolles Team zusammengefunden, das „gemeinsam an einem Strang zieht", wie Nadja so schön sagt. Mehr kann man sich als Gast nun wirklich nicht wünschen, oder?

 Das Maria Klenzestraße 97, 80469 München, www.dasmaria.de

20

Caffé Fausto

„RÖSTAROMEN AM AUER MÜHLBACH!"

¶

Die Kaffeerösterei Fausto befindet sich im ehemaligen Walzenboden der Kraemer'schen Kunstmühle, Birkenleiten 41, in München Giesing, herrlich am Auer Mühlbach gelegen. Und obwohl der Candidplatz gar nicht so weit entfernt ist, denkt man nicht daran, in einer Millionenstadt zu sein, denn die Rösterei liegt mitten im Grünen. Während der Fluss mit gemächlicher Ruhe an einem vorüberfließt, mag man über die Geschichte dieser Rösterei nachdenken, für deren Existenz eine Müllerfamilie und zwei Männer verantwortlich sind.

Vor rund elf Jahren war da zunächst einmal Harald Faust, der eigentlich Informatik studiert hatte und in seiner Freizeit zur Entspannung damit begonnen hatte, seinen eigenen Kaffee zu rösten. Die Bauteile für seinen Röstapparat kaufte er sich unter anderem auf der Auer Dult: ein Nudelsieb, einen Topf, dazu ein Heißluftgebläse und eine PC-Lüftung … Den Prototyp dieser ersten Röstmaschine kann man heute noch im Caffé Fausto bewundern. Mit diesem Gerät röstete er Kaffee für sich und seine Familie und das Ergebnis war überraschend gut. Wesentlich besser jedenfalls als die herkömmlichen Produkte aus dem Supermarkt. Genau zu dieser Zeit wuchs in der Gesellschaft das Interesse an gutem Kaffee. Viele kauften sich Siebträgermaschinen für zuhause. Und was lag da für den Informatiker näher, als einen Webshop einzurichten, über den er seinen guten Kaffee vertreiben konnte?

Fast zeitgleich sammelte Klaus Wildmoser, der heutige Röster des Caffé Fausto, seine ersten Rösterfahrungen als Kunde in einer Konditorei in Freising. Dort befand sich eine kleine Röstmaschine, auf die er aufmerksam wurde. „Ich hatte

Zeit und fragte, ob ich die ausprobieren könne. Der Konditor sagte mir, wenn der Kaffee besser sei als der, den er habe, kaufe er ihn mir ab. So hat alles angefangen!"

In der Zwischenzeit hatte die Rösterei Fausto neben dem Internetshop endlich auch eine reale Heimat gefunden. Die Müllerfamilie Kraemer renovierte und vermietete 2011 ihre Räume am idyllischen Auer Mühlbach an Harald Faust. 2012 stieß Klaus Wildmoser als Mitarbeiter dazu und übernahm Rösterei und Café dann 2015 ganz. Von Anfang an nahm er sich die kleinen handwerklichen Röstereien in Italien zum Vorbild. „Meine Schwester wohnte in der Toskana. Es hat mich beeindruckt, dass man überall in Italien guten Espresso trinken kann."

Heute kann man im Caffé Fausto zwischen vielen Kaffeesorten der Rösterei wählen, die sogar über eine Bio-Zertifizierung verfügt. Da gibt es beispielsweise den Espresso „Monaco" mit Schokoladennote, den kräftigen „Napoli" oder den „Giasing", den Nichtbayern gelegentlich als „Gia-Sing" oder „Gingseng" bestellen. „Das klingt manchmal komisch, aber wir wissen dann schon, was sie wollen", erklärt Klaus lachend.

Im stimmungsvollen Café der Rösterei sitzt man bequem auf schwarzen Holzstühlen. Die offenen Backsteinmauern schaffen eine rustikale Atmosphäre, der Blick geht durch große bodentiefe Fenster nach draußen, wo sich auch noch ein paar Tische befinden.

Wie gut eine Rösterei in eine ehemalige Kunstmühle passt, kann man am Caffé Fausto sehen.

Ein großes Regal hinter der Theke zeigt die Vielfalt der Giesinger Rösterei. Natürlich kann man den Kaffee für zuhause mitnehmen und auch weiterhin im Internet bestellen. Jede Bestellung ist innerhalb eines Tages da. Neben Kaffee gibt es hausgemachten Kuchen von der „Zimtschneckenfabrik" (S. 146) und aus der beschaulichen Backstube „hausgemacht" von Volker Huber in der Fraunhoferstraße.

Dies alles begeistert mich sehr, doch Klaus' wahres Herz schlägt für die große italienische Röstmaschine, die sechzig Kilogramm Kaffeebohnen fasst. Hier schüttet er den Rohkaffee hinein, den er aus zwölf Ländern bezieht. Bis auf den „Napoli" werden alle Sorten mittelstark geröstet. Juan, den Kaffeebauer aus Nicaragua, kennt er sogar persönlich. „Juan ist stolz, für uns die Kaffeebohnen anzubauen, und wir sind stolz, sie hier zu rösten."

Klaus und seine Röstmaschine sind ein eingespieltes Team. Das Ergebnis sind hervorragende Röstungen.

Irish Coffee

Zutaten für 1 Portion

**120ml kräftiger und körperreicher Filterkaffee
(z.B. Caffé Fausto Jubiläumskaffee)
2 1/2 TL brauner Zucker (z.B Demerara
Rohrzucker)
30ml original irischen Whiskey
30ml Schlagsahne**

Zubereitung

Den Filterkaffee brühen. Den Kaffee in ein
200ml fassendes Glas gießen und den braunen
Zucker darin auflösen. Den Whiskey unter den
gesüßten Kaffee mischen. Die Schlagsahne
halbsteif schlagen und vorsichtig auf den Kaffee
laufen lassen.

Genießen, aber bitte mit Maß!

„1942 kreierte Joseph Sheridan eine Kombination
der drei wundervollen Substanzen Kaffee,
Whiskey und Schlagsahne, den Irish Coffee."

Klaus lädt mich zu einer Live-Röstung ein und das erste Mal höre ich das sanfte
Krachen der Bohnen, den „First Crack", der dem Röster anzeigt, dass nun die Zell-
wände der Kaffeebohnen aufplatzen und ihr Aroma freigeben. Ab jetzt sind Gefühl
und Handwerk gefragt, damit die Bohnen genau die richtige Zeit und Hitze für die
jeweilige Röstung erhalten. Neben der Bohnensorte und Mischung hat der Röster
einen großen Einfluss auf das Ergebnis. „Jeder Röster hat seine eigene Handschrift.
Deshalb schmecken die Kaffees auch so unterschiedlich."

Ich bin überrascht, dass frisch gerösteter Kaffee nicht sofort den typischen
Geruch verströmt, den alle Kaffeetrinker so lieben. Der entwickelt sich nämlich
erst innerhalb der nächsten Stunden.

Es ist die Leidenschaft Kaffee, die Klaus antreibt und er hat noch viele Ideen.
Schon 2018 werden Rösterei und Laden einen eigenen, für die Gäste einsehbaren
Raum am Auer Mühlbach bekommen. Dann kann man sich mit einer Tasse Kaffee
direkt an den Fluss setzen und die Zeit an sich vorüberfließen lassen.

 Caffé Fausto Birkenleiten 41, 81543 München, www.caffe-fausto.de

21

Café Pini

¶

Der erste Eindruck ist wohltuend, entspannt mit einer Prise Jazz. Das Café Pini in der Klenzestraße 45 ist für mich der Inbegriff von Leichtigkeit. Als Herbert Auer es 2008 eröffnete, wusste er genau, was er gastronomisch wollte: italienische Kaffeekultur und gutes Essen. In seinem Logo steht das stilisierte „P" für eine Pinie, die genau dieses italienische Lebensgefühl zum Ausdruck bringen soll.

Herbert brachte einen ganzen Schatz an Erfahrungen mit. Er hatte Koch gelernt und mit seinem damaligen Partner das „Stadtcafé" und das „Café Dukatz" eröffnet und betrieben. Nun suchte er etwas Neues. „Ich liebe das Kleine, Feine, das Persönliche, deshalb wechselte ich gastronomisch von groß zu klein."

Ein Jahr lang nahm er sich Zeit, um das Pini nach seinen Vorstellungen einzurichten. Das Ergebnis ist ein ansprechender Mix aus 50/60er-Jahre-Charme und Moderne. Der Blick durch die Tür offenbart sogleich die Seele des Cafés, eine offene, professionell eingerichtete Küche, in der Focaccias, Panini oder Sandwiches, hausgemachte Marmelade, Frühstückseier und noch vieles mehr zubereitet werden. Die Tagesgerichte wechseln je nach Wetter. Doch auch Kuchenliebhaber kommen auf ihre Kosten mit Torta Caprese, Rhabarber-Streuselkuchen oder New York Cheesecake – alles hausgemacht, mit Bio-Mehl und Bio-Eiern. „Wir bekommen unsere Eier von der ,Biohennen Legegemeinschaft, die sich aus lokalen bayerischen Bauern zusammensetzt."

Im Cafébereich finden sich dann Nierentische neben schwarzem Hochglanz, Kreidetafeln mit dem täglich wechselnden Tagesangebot auf Retrotapete, dazu eine lange schwarze Bank an der Wand und Schulstühle aus Holz und Metall. Mir

gefällt besonders die Verkehrsunterrichtstafel samt Vespa, die die Wand ziert. Das Pini hat was. „Ich liebe eine stilvolle Einrichtung", erzählt mir Herbert. Eine Architektin half bei der Umsetzung, ein Schreiner zimmerte die Tische, anderes fand Herbert auf Flohmärkten. Das Café Pini ist so ein Ort, den man nicht verlassen möchte. Dafür sorgt auch der Kaffee der kleinen italienischen Rösterei „perla nera" aus Padua. Die kräftige Barröstung kommt auch bei eingeschworenen Italienfans richtig gut an.

Sieben bis acht feste Mitarbeiter kümmern sich im Pini um das Wohl ihrer Gäste und die vielen Stammkunden danken es ihnen.

Wenn Herbert doch einmal verreist, was viel zu selten vorkommt, dann lernt er die Städte gern über ihre Cafés kennen. „In Amsterdam gibt es beispielsweise tolle Cafés, super Ambiente, aber die Qualität stimmt nicht immer. Am liebsten würde ich mir einmal eine längere Auszeit nehmen und durch die Welt reisen." Dann würde er vielleicht irgendwo eine Strandbar eröffnen, denn bei denen – das hat er mir verraten – geht ihm das Herz auf.

Da es für den engagierten Cafébetreiber aber geradezu unmöglich ist, Café und Gäste so lange allein zu lassen, macht er es anderen Reisenden dafür so bequem

Ein Besuch im Café Pini ist wie ein Kurzurlaub in Italien.

Hier hat ein gelernter Koch seine Finger mit im Spiel

wie möglich und das im wahrsten Sinne des Wortes! Direkt über dem Café Pini befindet sich die „Pension am Gärtnerplatz", die Herbert und seine Frau Andrea mit derselben Sorgfalt und Herzlichkeit führen wie das Café unten. Die Zimmer suchen ihresgleichen! Fast herrschaftlich eingerichtet mit ausgesuchten Antiquitäten, aufwendig verzierten Betten, bemalten Schränken und komfortabel ausgestattet, sind sie durch ihre Nähe zum Gärtnerplatz ein echter Geheimtipp.

Offene Küchen sind immer gut. Der Gast kann sich schon mal darauf freuen, was gleich auf seinem Teller landet.

Salat mit Roter Bete, geschmolzenem Ziegenkäse und Kürbiskernen

Zutaten für 1 Portion

1 große Rote Bete (am besten die junge Sommer-Rote-Bete)
100 g Ziegenrolle „Saint-Maure"
2 EL Kürbiskerne
Blattsalate
steirisches Kürbiskernöl

Zubereitung

Rote Bete in Salzwasser „al dente" kochen (je nach Größe ca. 45 Minuten), noch warm schälen, in Stücke schneiden und mit Rotweinessig, Olivenöl und Salz marinieren, 15 Minuten durchziehen lassen.

Kürbiskerne in einer Eisenpfanne ohne Öl trocken rösten.

Die Ziegenrolle in drei Scheiben schneiden und auf Backpapier im Ofen bei 150 Grad (Umluft) für 3 Minuten erhitzen.

Blattsalate mit Dressing anmachen und mit der noch warmen Roten Bete auf einem Teller anrichten. Den Ziegenkäse oben auf legen, Kürbiskerne darüberstreuen und zum Schluss mit Kürbiskernöl beträufeln.

In jedem Fall ist das Café Pini unbedingt eine Reise wert, die ich glücklicherweise einfach auf schönen Fahrradwegen entlang der Isar unternehmen kann.

 Café Pini Klenzestraße 45, 80469 München, www.cafepini.de, www.pensiongaertnerplatz.de

22

Trachtenvogl

„EHRLICHES ESSEN UND GEMÜTLICHKEIT!"

¶

Nur ein paar Meter Luftlinie von der Isar entfernt, in der Reichenbachstraße 47, hat der Trachtenvogl sich sein Nest gebaut. Der Besitzer Christian Ohlmann führt sein Café mit Herz und Verstand. Er ist einer jener entspannten Menschen, denen man auch beim Grillen an der Isar oder im Biergarten begegnen könnte. Doch darüber hinaus ist er ein leidenschaftlicher Gastgeber, der es seinen Gästen so angenehm wie möglich machen möchte. „Als ich fünf war, habe ich auch schon für meine Eltern gekocht. Damals gab es aber nur ein Gericht auf der Karte: Grießbrei. Das haben sie dann auch immer bestellt."

Ursprünglich aus Neustadt an der Aisch kommend, störte es ihn, dass er sich immer umziehen musste, wenn er in München wegging. „Ich fand das einfach nicht gemütlich und habe mich oft nicht so richtig wohlgefühlt."

Die Idee etwas Eigenes aufzumachen, spukte schon in seinem Kopf herum, als er noch bei Yahoo als Online-Redakteur arbeitete. Irgendwann machte er Ernst und pachtete die Verkaufsräume eines ehemaligen Trachtenladens im Glockenbachviertel. Den Namen übernahm er kurzerhand. „Für mich hat das perfekt gepasst. ‚Tracht' steht ja irgendwie für München und zusammen mit dem ‚Vogl' ohne ‚e' steckt da was Kauziges drin. Das hat mir gefallen."

Und auch den Stil der Einrichtung aus den sechziger Jahren beließ er. Zunächst war der Trachtenvogl eine Szenekneipe, die richtig gut lief. Zu gut. Es war gemütlich, die Gäste fühlten sich wohl und manchmal wurde es laut. Irgendwann gab es Ärger mit den Nachbarn, doch statt sein Nest zu verlassen, baute Christian um. Er

investierte in eine gut ausgestattete Küche und machte aus dem Trachtenvogl ein einmaliges Tagescafé mit Kultcharakter. Jeder ist willkommen, egal welcher Nationalität, und auch die Touristen kommen gern und genießen die außergewöhnliche Atmosphäre und Einrichtung.

Vom Eingangsbereich aus führen ein paar Stufen am schmiedeeisernen Geländer entlang nach oben ins Wohnzimmer des Cafés. Mehrere Sofas und Sessel an großzügigen Oma-Tischen versprühen den Charme der Sechziger. Eine rote Eckbank weckt Geborgenheit und lässt mich fast automatisch an meine eigene Kindheit denken. So eine Bank hatten ja fast alle Großeltern in der Küche… Genau diese Erinnerungen möchte Christian bewahren. „Bei Oma und Opa war es doch am schönsten, oder? Da durfte man mehr als zuhause und es gab immer was Süßes und Leckeres. Genauso ist es hier auch."

Doch altbacken wirkt der Trachtenvogl dennoch nicht. Spielend schafft er die Gratwanderung zwischen Nostalgie und Moderne. Im Hintergrund läuft aktuelle Musik, während sich ein offenes, engagiertes Team aus rund zwanzig Personen – darunter allein vier Köche – um die Gäste kümmert. Beim Einkauf achtet Christian auf Qualität. Das Fleisch stammt aus regionaler Bio-Weidehaltung und ein persönlicher Kontakt zu den Lieferanten

ist für ihn selbstverständlich. Im Trachtenvogl wird ein Espresso der Rösterei „Wild" aus Garmisch-Partenkirchen ausgeschenkt. Christian hat sich für den kräftigen „Torello" entschieden, der mit einer feinen Nuss- und Schokoladennote aufwartet.

Der Trachtenvogl hat sein Nest in der Nähe der Isar gebaut und lockt die Gäste mit Gemütlichkeit und einer guten Küche. Von Oktober bis April gibt es einmal die Woche Konzerte.

Rund tausend Eier werden pro Woche verbraucht. Denn sowohl die hausgemachten Kuchen als auch das Frühstück sind legendär. Die Frühstücksvarianten sind vielseitig: Neben einem kleinen Frühstück mit einem frischgebackenen Croissant, hausgemachter Marmelade und Joghurt gibt es beispielsweise ein Bergfrühstück mit Südtiroler Speck, Salami und Käse, ein Weißwurstfrühstück oder ein schickes Frühstück mit Lachs und Ei. Aber auch die saisonalen Mittagsgerichte lassen keine Wünsche übrig: Salate, Pasta, Risotto, Sandwiches, Quiches und eine Tagessuppe, alles wird frisch vor Ort zubereitet. Nebenbei: Es duftet wirklich herrlich aus dem Ofen.

Auf Sofas und Stühlen, auf denen sich schon die Großeltern wohlgefühlt haben, sitzt man auch heute noch gut.

Kirsch-Schmand-Streusel-Kuchen

Zutaten für den Teig

135 g weiche Butter
135 g Zucker
1 TL Vanillezucker
4 Eier
170 g Mehl
1 TL Backpulver
½ TL Zimt

Zutaten für den Belag

350 g Sauerkirschen
400 g Schmand
50 g Zucker
½ TL Zimt

Zutaten für die Streusel

100 g Zucker
100 g Butter
150 g Mehl
½ TL Zimt

Zubereitung

Zimmerwarme Butter für 5 Minuten mit dem Küchengerät (Schneebesen) schaumig schlagen. Zucker und Vanillezucker nach und nach dazugeben und eine Schaummasse herstellen. Die Masse sollte cremig und sehr hell sein. Die Eier einzeln hineinrühren.

Mehl, Backpulver und Zimt hinzugeben und gut durchrühren. Die Masse auf ein mit Backpapier ausgelegtes Küchenblech ausstreichen.

Für den Belag: Schmand mit Zucker und Zimt vermengen und auf den rohen Teig geben. Kirschen nach Belieben zuckern und auf die Schmand-Zucker-Zimt-Masse geben. Den Kuchen bei 160 Grad (Umluft) 20 Minuten backen. Danach die Zutaten für die Streusel vermischen, bis schöne Streusel entstehen. Auf dem Kuchen verteilen und weitere 10 Minuten fertigbacken.

„Wenn es duftet, kommen die Gäste", bemerkt Christian. Doch die Gäste kommen nicht nur wegen der guten Küche. Der Trachtenvogl ist ein Ort der Begegnung, an dem verschiedene Generationen ihren Spaß haben. Dafür sorgen auch die kostenlosen Live-Konzerte, die von Oktober bis April einmal in der Woche stattfinden. Im Anschluss an jedes Konzert lässt der Cafébetreiber einen Hut herumgehen und jeder zahlt, was er mag. Christian selbst spielt Klavier und Kirchenorgel, doch natürlich nicht in seinem Café. Dort kümmert er sich ausschließlich um sein Team und um die Gäste. „Bei uns kommt man mit dem echten Leben in Verbindung und kann voneinander profitieren."

Fragt man Christian nach seinen Plänen, dann erzählt er von einem Solarfeld, um Strom für seinen Betrieb und sein Auto zu erzeugen. Nachhaltig und unabhängig möchte er sein, mitten im urbanen Leben.

Am Ende verrät er mir noch eines seiner schönsten Erlebnisse, als vor zwei Jahren spontan ein Gast zu ihm sagte: „Es ist einfach toll, dass man sich nicht umziehen muss, wenn man zu euch kommt!"

 Trachtenvogl Reichenbachstraße 47, 80469 München, www.trachtenvogl.de

Henry hat Hunger

„RICHTIG GUT, AUF KLEINSTEM RAUM!"

¶

Viele Münchner werden den Mariahilfplatz kennen, denn hier findet dreimal im Jahr die „Auer Dult" statt. Eine Dult ist ein traditionelles Volksfest und Markttreiben. Die Dulten, im Frühling die Maidult, im Sommer die Jakobidult und im Herbst die Kirchweihdult locken traditionell zahlreiche Münchner wie auch Touristen in den Stadtteil Au. Die Kinder freuen sich besonders auf die Schiffsschaukel dieses Volksfestes. Dass sich nur ein paar Meter Luftlinie entfernt, in der Zeppelinstraße 27, ein charmantes, kleines Café versteckt, ahnen vermutlich nur wenige.

Als Sandra Mayr das Café vor drei Jahren vom Vorbesitzer Enrique übernahm und über einen Namen nachdachte, hatte sie eine genaue Vorstellung: Der Name sollte an den Enrique erinnern, der das Café viele Jahre lang betrieben hatte. Es sollte kein englischer Name sein, er sollte aus mehr als nur einem Wort bestehen und natürlich einzigartig sein. Darüber kann man lange nachdenken und ich weiß nicht, wie viele da auf „Henry hat Hunger" gekommen wären. Bei mir als Autorin löst so ein Name jedenfalls Begeisterung aus. Denn ich sehe Henry direkt vor mir und höre seinen knurrenden Magen, wie er auf der Suche nach etwas Essbarem die Stadt durchkämmt …

Also komm rein Henry, setz dich an einen der beiden gemütlichen kleinen Tische, auf einen Stuhl oder auf die Bank am großen Fenster und lass es dir gut gehen. Hier darfst du zuhause sein!

Wenn Sandra in ihrer winzigen Küche steht, werden Gespräche einfach durch die offene Tür fortgesetzt.

Es braucht nur einen Schritt durch die Tür und ich bin mitten im kleinsten Café, das ich jemals gesehen habe. Die ersten Worte, die mir durch den Kopf gehen: schön, klein und tolle Kacheln.

Das Café ist wirklich sehr übersichtlich, aber gerade das macht seinen Charme aus! Es ist, als würde ich in der Küche meiner Tante sitzen, und ich fühle mich sofort aufgehoben. Sandra hatte einen Milchladen vor Augen, als sie das Café nach ihrem Geschmack neu gestaltete. Wobei „neu" nicht ganz richtig ist, denn die Einrichtungsgegenstände stammen zum großen Teil vom Flohmarkt. Liebevoll ausgewählte und mit Bedacht restaurierte Stücke, die Gemütlichkeit ausstrahlen. Man darf und soll ihnen ihr Vorleben ansehen. Sandras Lieblingsstück, das Küchenbuffet ihrer Urgroßmutter, steht in der winzigen Küchennische und verströmt die Harmonie der Vergangenheit. Ein echter Hingucker sind die blau-weißen Kacheln, die eine ganz besondere Geschichte haben. Sie wurden nämlich von Sandra persönlich gestaltet und nach ihren Vorgaben gebrannt. Dazu die Holzbretter an der Wand, ein blauer Hängeschrank, ein abgenutzter weißer Hocker – all das wirkt, als wäre man zu Gast in einer Bauernküche, deren begrenzter Platz perfekt ausgenutzt wird.

Doch auch das, was aus der kleinen Küche kommt, überzeugt. Nur eine Herdplatte, zwei Töpfe und eine Pfanne stehen Sandra zur Verfügung. Damit bereitet sie jeden Tag 15 bis 20 Portionen eines frisch gekochten Mittagessens zu! Jeden Mittag bietet das Henry hat Hunger nämlich ein warmes Gericht an, im Winter dazu noch eine Suppe und im Sommer einen Salat, wobei das Angebot je nach Saison wechselt. Außerdem gibt es täglich hausgemachten

Auch im Winter dürfte Kaffeefreunden dieses Plätzchen vor dem Schaufenster gut gefallen.

Kuchen und bunt belegte Sandwiches. Ab 15 Uhr ist die Vitrine dann meistens leer, dann wird nur noch auf Bestellung belegt, damit am Ende nichts übrig bleibt.

Bei Kaffee und Getränken setzt Sandra so weit es geht auf Regionales. Der Kaffee stammt aus der Münchner Rösterei „Fausto" (S. 116). Die „Inge" – ein handgemachter Ingwersirup – kommt aus einer Münchner Manufaktur und wird als Schorle oder heiße Inge angeboten.

„Es soll für jeden etwas geben und es soll gut schmecken", betont die Chefin mit Überzeugung. Das glaube ich ihr sofort, denn die köstlichen Croissants, Kuchen, Cookies und Powerkugeln zeigen die Liebe zu guten, frischen Zutaten.

Während Sandra ihr „Belegtes", wie sie es nennt, zubereitet, kann man mit ihr einen kleinen Plausch halten. „Bei mir zuhause sieht es genauso aus wie hier", verrät sie dann lachend.

Ich habe einen Platz in der linken Ecke des winzigen Cafés bezogen und beobachte die Gäste, die hereinkommen. Die meisten kommen offensichtlich regelmäßig und werden mit Namen begrüßt. Jeder bringt seine eigene kleine Geschichte mit, die er hier loswerden kann, während er auf seine Bestellung wartet. Das Publikum ist gemischt. Oberstufenschüler des nahen Pestalozzi-Gymnasiums wechseln sich mit ihren Lehrern ab, Nachbarn, Mütter oder Väter, hier werden alle zu einer Familie. Da verwundert es auch nicht, dass die Schüler mit ihrer Kunstlehrerin auch schon mal die Weihnachtsdekoration für das Café gestaltet haben.

Sandra nimmt jeden Tag so, wie er kommt. Diese Gelassenheit hat sie vielleicht vom argentinischen Vorbesitzer des Cafés übernommen. Er hat ihr beigebracht, dass die Croissants nicht unbedingt schon fertig in der Vitrine liegen müssen, wenn die ersten Gäste kommen. Wenn die Kaffeemaschine

Hausgemachter Kuchen und ofenfrische Croissants sind das Markenzeichen des kleinen Cafés in der Nähe des Mariahilfplatzes.

Schupfnudeln mit Rote Bete und Feta

Zutaten für 2 Portionen
250 g mehlig kochende Kartoffeln
1 Handvoll Mehl
1 Eigelb
etwas Salz
etwas Zucker
etwas Muskat
2 faustgroße Rote Bete
Balsamico
Zimt
Harissa
Pfeffer
Olivenöl
Butter
1 Packung Feta
4 Lauchzwiebeln

Zubereitung
Kartoffeln in Salzwasser weich kochen, schälen, zerdrücken und durch ein Geschirrtuch pressen, sodass die Masse möglichst trocken ist. Mit Mehl und Eigelb vermischen, mit Salz, Zucker und Muskat abschmecken. Mit etwas Mehl Schupfnudeln formen und in heißem Salzwasser kochen, bis sie an der Oberfläche schwimmen.

Rote Bete in Alufolie wickeln und ca. 40 Minuten bei 180 Grad (Umluft) im Backofen garen.
Die Rote Bete dann schälen, in Stücke schneiden und mit Balsamico, Zimt, Harissa und Olivenöl ca. 2 Stunden marinieren.
In einer Pfanne mit Butter erst die Schupfnudeln und die Hälfte der in Ringe geschnittenen Lauchzwiebeln goldbraun braten. Dann die Rote Bete mit Marinade dazugeben und mit Salz und Pfeffer abschmecken. Vor dem Servieren die restlichen geschnittenen Lauchzwiebeln untermischen.
Auf den Teller geben und darauf den gewürfelten oder gebröselten Feta streuen, fertig.

läuft, ist für die Gäste die Welt in Ordnung, dann kann man bei Cappuccino oder Espresso den Duft aus der kleinen Küche genießen und sich umso mehr auf ein noch warmes Croissant freuen. Und während man darauf wartet, kommt man schnell mit den anderen Gästen ins Plaudern. Das Henry hat Hunger ist der Inbegriff an Behaglichkeit auf kleinstem Raum!

 Henry hat Hunger Zeppelinstraße 27, 81541 München, www.henryhathunger.de

emilo

Erzählt man die Geschichte des Cafés beziehungsweise der Spezialitätenrösterei emilo, dann erzählt man die Geschichte einer Männerfreundschaft. Dieser, und der Leidenschaft für Kaffee, ist es zu verdanken, dass es heute in der Buttermelcherstraße 5 im Glockenbachviertel ein kleines Café und die dazugehörige Rösterei in der Levelingstraße 18 gibt.

Inhaber Emanuel Clemm und Mitgründer Michel Brohmeyer sind Freunde aus Kindheitstagen und gemeinsam in der Nähe von Rosenheim aufgewachsen. Der Dritte im Bunde und das unverwechselbare kulinarische Herz im Glockenbachviertel ist Anton Filser. Die Erfolgsgeschichte der Rösterei beginnt 2012 ganz klein auf dem ehemaligen „Pfanni-Gelände" in München. Mit großer Leidenschaft und dem unbedingten Willen, in München erstklassigen Kaffee zu rösten, stürzten sich Emanuel und Michel in die Kaffeeproduktion. Dabei setzen sie auf schonende Langzeit-Trommelröstung und erstklassige Rohware. „Man kann sagen, unser Kaffee ist handverlesen", erklärt mir Michel.

„Alle hier geben alles für einen perfekten Kaffee. Mehr als vierzig Mischungen haben wir schon komponiert." Bei einem Rundgang durch die Rösterei lasse ich mich von der Begeisterung des Rösters anstecken. Denn hier liegen die Kaffee-

Michel ist Röster mit Leib und Seele. Zusammen
mit seinem Partner Emanuel führt er die Rösterei,
zu der auch das Café im Glockenbachviertel gehört.

säcke aus aller Welt und hier bekommen die unterschiedlichen Mischungen die bunten Banderolen verpasst, die für emilo-Kaffee so typisch sind. 2013 erhielt emilo als erste Kaffeerösterei die Naturland-Zertifizierung. Schnell sprach sich der gute Kaffee herum und 2014 folgte ein Umzug in die Leveling-straße. Die Rösterei ist das Herzstück, dazu gibt es einen Showroom, in dem das Team Verkostungen und Baristakurse durchführt und Neues ausprobiert.

Und dann kam 2013 Toni! Anton Filser, auch der „wilde Filser" genannt, übernahm die Leitung des Cafés emilo im Glockenbach-viertel und gibt seither dem Ladencafé nicht nur ein Gesicht, sondern überzeugt auch mit Sachverstand und einem großen baye-rischen Herz. „Das hier ist das Beste, was mir neben meiner Freundin in meinem Leben passiert ist." Tonis Vater war der Schreiner-meister Josef Filser aus Rosenheim. „Baye-rischer als er geht gar nicht", sagt Toni und sein Sohn steht ihm in nichts nach. Toni ist Bäcker und Konditor, der sein Handwerk von der Pike auf gelernt hat. Für seinen Scheiterhaufen, die Rohrnudeln, den Apfelkuchen, die Zimtschnecken oder die Bayerischen Cantuccini stehen die Leute Schlange. Zugegeben, groß ist das Laden-café nicht – es ist wirklich winzig, doch ein paar Leute stehen immer drinnen oder draußen und genießen ihren Kaffee.

In der Ein-Mann-Küche geht es nicht weniger eng zu und es grenzt an ein Wun-der, was Toni da „mit einem Handrührer und ein paar Schüsseln" alles zaubert. Und dabei bleibt er immer guter Laune. Er ist der erste, der in aller Herrgottsfrühe kommt, denn in seinen Ofen passen nur drei Kuchen gleichzeitig. Um sieben Uhr

Toni backt mit viel Herz und ausnehmend guten Zutaten. Seine Kreationen sind deshalb unvergleichlich.

wird geöffnet, dann muss alles fertig sein. Doch für einen Ratsch um sechs Uhr mit dem 90-jährigen Nachbarn Gustl durchs Küchenfenster reicht's immer noch.

Durch diesen Einsatz hat sich der kleine Laden zu einer Institution in der Isarmetropole gemausert, weshalb Toni zu späterer Tageszeit das ein oder andere Mal ins Schwitzen kommt. Um die Gäste jeden Tag aufs Neue zu verwöhnen, steht ihm ein hochmotiviertes, dynamisches Team zur Seite, welches die Läden tagtäglich mit Freude erfüllt.

Während Toni in seiner Küche werkelt, kann man die vielen Kaffeesorten des emilo durchprobieren.

emilos Espressotörtchen

Zutaten für ca. 35 Törtchen

- 100 g guten Kakao
- 120 g heißes Wasser
- 5 Espressi „Wilder Filser"
- 200 g Berchtesgadener Butter (flüssig)
- 2 Eigelb
- 2 Bio-Eier
- 400 g Zucker
- 1 Prise Salz
- 200 g Zartbitterschokolade
- 50 g weiße Schokolade
- 250 g Dinkelmehl

Zubereitung

Kakao, Wasser, Espressi, Butter, Eigelb und Eier gut verrühren. Anschließend den Zucker unterrühren und eine Prise Salz hinzugeben. Dann die gehackte Zartbitterschokolade und die weiße Schokolade (ebenfalls gehackt) dazugeben. Die Schokolade sollte von feinster Qualität sein. Zum Schluss das gesiebte Dinkelmehl leicht unterheben.
Eingefettetes Backpapier auf ein Standardkuchenblech (40x25cm) legen und den Teig darauf verteilen.
Eine Prise Salz darüber geben und ca. 30 Minuten bei 160 Grad (Umluft) backen.
Immer mit den Augen und nach Gefühl backen. Die Törtchen dürfen nicht zu weich und nicht zu fest werden. Je nach Bedarf schneiden.
Achtung Suchtgefahr!!!

Hört man Toni zu, dann spürt man diese Begeisterung und Hingabe. Er steht fest zu emilo und dem ganzen Team. Da wundert es eigentlich auch nicht, dass ihm Emanuel und Michel irgendwann einen eigenen Espresso gewidmet haben. Der Name ist Programm: „Wilder Filser" heißt die Mischung, die als intensiv und kräftig beschrieben wird.

Ich bin sicher, den „Jungs" vom emilo wird noch einiges zum Thema Kaffee einfallen. Gerade erst haben sie etwas Neues auf den Markt gebracht: „Arabicups" sind portionierte, tassenfertige Handfilter. Einfach in die Tasse hängen, mit heißem Wasser aufgießen und wo auch immer emilo-Kaffee genießen.

 emilo im Glockenbach Buttermelcherstraße 5, 80469 München, www.emilo.de/standorte/emilo-im-glockenbach/

25

Café Fräulein

„DIE LIEBE IST
DAS WICHTIGSTE!"

¶

Das „Fräulein" besteht genau genommen aus einem Fräulein, nämlich aus Alexandra Mahlen, und aus einem Herrn, Alexandras Lebensgefährten Peter Eder. Als das charmante Café am Rand des Viktualienmarkts im Oktober 2013 seine Pforte öffnete, hatte die Cafébetreiberin eine klare Vorstellung: Sie wollte ehrliche, schmackhafte Kuchen und Gebäcke für ihre Gäste anbieten und das in einer gemütlichen Atmosphäre. Dafür richtete sie ein unvergleichliches, kleines Café mitten im Herzen von München ein.

Sehr zentral gelegen, in der Frauenstraße 11, katapultiert das Café Fräulein seine Gäste in längst vergangene Zeiten. In eine Zeit, als man bei den Omas und Tanten noch in der großen Wohnküche bei Kaffee und Kuchen zusammensaß, sich unterhielt und lachte. Damals, als man in der Hand noch kein Smartphone, sondern eine Kuchengabel hielt, um sich Omas neueste Kuchenkreation schmecken zu lassen, war die Welt noch in Ordnung. Wer sich nach solchen Zeiten sehnt, für den wirkt das Café Fräulein wie Balsam für die Seele. WLAN sucht man hier vergebens. Aber das vermisst auch niemand. „Ganz oft sitzen bei mir drei Generationen zusammen am Tisch", erzählt Alexandra.

Sie hat ihr Café im Stil der 1950er und 60er Jahre ausgestattet und dabei ganz bewusst auf Originale aus dieser Zeit zurückgegriffen. Für mich ist das Interieur der Inbegriff von Gemütlichkeit. „Einiges kommt von meiner eigenen Oma, manches finde ich auf dem Trödelmarkt und gelegentlich kommen sogar die alten Leute aus der Nachbarschaft vorbei und bringen mir ihre bestickten Tischdecken

oder altes Geschirr. Sie freuen sich darüber, dass ich die alten Sachen bewahren möchte."

Dass Alexandra die mit Blümchen und Goldrand verzierten Tassen mit der Hand abspülen muss und nicht in die Geschirrspülmaschine stellen kann, nimmt sie gern in Kauf. Sie liebt die alten Sachen und stellt sich der Wegwerfgesellschaft damit entschieden entgegen. Die geliebten Tassen und Zuckerdosen machen sich wirklich gut auf den sieben kleinen Tischen im Fräulein. Wer will, findet aber auch draußen vor dem großen Schaufenster einen fein gedeckten Tisch.

Wer erfahren möchte, was auf den verzierten Tellern landet, woher die Schoko-Tarte, der Käsekuchen, die „Kleine-Fräulein-Kuchen", die Torten, Obstkuchen und die vielgerühmten Zimtschnecken kommen, muss seinen Blick nach Giesing richten, genauer gesagt in die Chiemgaustraße 81. Denn dort befindet sich das süße Herz des Fräuleins, das Alexandra und Christina zum Schlagen gebracht haben.

Bestickte Tischdecken und Zimtschnecken locken alle Generationen an einen Tisch.

In der „Zimtschneckenfabrik", die viel mehr eine „Manufaktur" ist, wird gebacken wie vor hundert Jahren. Eine Backstube mit traditionellen Maschinen und einem kleinen, erfahrenen Team rund um die beiden Cafébetreiberinnen sind verantwortlich für die hohe Qualität der Backwaren, die im Café Fräulein und in anderen ausgewählten Cafés verkauft werden. Man backt mit naturbelassenen, saisonalen Produkten aus der Region und verzichtet auf Konservierungs- und Zusatzstoffe. „Ich würde im tiefsten Winter auch nicht mit Erdbeeren arbeiten, sondern richte mich – so wie die Omas früher – nach der Jahreszeit. Nachhaltigkeit ist mir wichtig." Wer sich einen persönlichen Eindruck verschaffen möchte, kann einen Backkurs in der Zimtschneckenfabrik besuchen.

Alexandra überlässt nichts dem Zufall und hält sich dabei an ihr Motto: „Ich bin nicht wichtig, der Gast ist wichtig."

Alle Gäste sollen in ihrem gemütlichen Café eine gute Zeit haben. Bei einer Tasse „Segafredo Kaffee wilde Bohne" und einer noch warmen Zimtschnecke fällt das auch gar nicht schwer.

Im Winter, wenn die Sehnsucht nach Wärme und Wohlbehagen noch größer ist, lockt das Café Fräulein übrigens mit Fondue-Abenden. Anmelden können sich zwölf bis zwanzig Personen, die gemeinsam in den brodelnden Töpfen stochern.

Wer am Münchner Viktualienmarkt einen Ort der Gemütlichkeit sucht, wird sommers wie winters im Fräulein glücklich sein!

 Café Fräulein Frauenstraße 11, 80469 München, www.cafe-fraeulein.com

In der Zimtschneckenfabrik in Giesing wird noch nach alter Backwerkskunst gebacken.

Zimtschnecken

Zutaten für 10 bis 12 Stück

125 g zerlassene Butter
740 g Mehl
100 g brauner Zucker
40 g Hefe
1 Prise Salz
Kardamom
400 ml Milch
Zimt-Zucker-Gemisch
150 g zerlassene Butter zum Bepinseln
100 g brauner Zucker zum Bestreuen

Zubereitung

Die Butter im Topf zerlassen. Mehl, Zucker, Hefe
und Kardamom mit einem Knethacken
vermischen. Die flüssige warme Butter mit der
kalten Milch mischen und dazugeben.
10 Minuten kneten lassen. Danach den Teig

ausrollen, mit Butter bestreichen und die
Zimtzuckermischung darauf geben. Schnecken
formen und 30 Minuten gehen lassen. Den
Backofen auf 230/250 Grad (Ober- und
Unterhitze) vorheizen.
Die Schnecken mit warmer Butter bestreichen
und braunen Zucker darüberstreuen. Dann 7 bis
10 Minuten backen.

„Wir wünschen allen Schneckenliebhabern gutes
Gelingen!"

26

Vits

„VIELFALT IN JEDER BEZIEHUNG"

¶

Kaum hat man das Vits (Rumfordstraße 49, Nähe Isartor) betreten, wird man sofort gefangen genommen. Intensiver Kaffeegeruch erfüllt den Raum und auch die Röstmaschine ist nicht zu überhören beziehungsweise zu übersehen. Im Vits röstet man nach dem traditionellen Trommelröstverfahren, das heißt, der Kaffee wird bei 200 Grad 15 bis 20 Minuten langsam durchgeröstet und anschließend luftgekühlt. Auf diese Weise können sich die Aromen optimal entfalten und dass sie das tun, kann man live erleben oder besser gesagt „*er*-riechen".

„Im Vits geht es um den Kaffee!", betont Alexander Vits, der Geschäftsführer und Cafébetreiber. Angefangen hat er vor elf Jahren, im Mai 2006. Vorher hatte der Röster Maschinenbau studiert, aber schnell festgestellt, dass das nicht das Richtige für ihn ist. Danach wagte er noch einen Abstecher in einen anderen Beruf. „Wenn man nicht weiß, was man machen soll, wird man Unternehmensberater." Doch auch wenn in den Unternehmen bekanntlich viel Kaffee getrunken wird, war es doch eine Reise mit einem Freund nach Barcelona, die das Kaffeefieber bei ihm auslöste. Der Besuch in einer Spezialitätenrösterei in der Hauptstadt Kataloniens erwies sich als entscheidender Wegweiser. „Wir haben damals zwanzig bis dreißig Kaffees verkostet und ich war wirklich überrascht festzustellen, dass jeder anders geschmeckt hat. Damit hat bei mir der Spaß am Kaffee so richtig angefangen!"

Luftig und hell lädt das Vits am Isartor zum Verweilen ein.

Mit diesen Eindrücken kam Alexander nach München zurück, fest entschlossen, den industriegefertigten Kaffees etwas entgegenzusetzen und den Münchnern seine Vielfalt nahezubringen. „Der große Unterschied einer traditionellen Trommelröstung zur industriellen Röstung ist, dass die Bohnen für industriell hergestellten Kaffee in nur drei bis sechs Minuten auf 450 Grad erhitzt und dann mit Wasser abgekühlt werden. Da geht viel Qualität verloren. Wir nehmen uns Zeit, rösten viel langsamer und bei niedrigen Temperaturen."

Während Alexander erzählt, scheint das gleichmäßige Drehen seiner Röstmaschine jedes seiner Worte zu unterstreichen. Keiner der Gäste kann und will sich dieser speziellen Geräuschkulisse entziehen, die Bestandteil des Konzepts im Vits ist. „Ich bin Kaffeeröster und wollte von Anfang an, dass meine Gäste an diesem Prozess teilhaben können. Der Röstofen ist das Herz des Vits, jeder kann ihm bei seiner Arbeit zusehen."

Tatsächlich bildet der Röstofen auf der rechten Seite den Hingucker, doch auch darüber hinaus ist das Vits ein überaus schöner Ort zum Verweilen. Dass die mintgrünen, großformatigen Kacheln der langen Theke

einst zu einer Metzgerei gehörten, vermag der Gast heute nicht mehr zu erraten. Der Kaffeeröster ist der Farbgebung gefolgt und hat die weitere Einrichtung entsprechend angepasst. Das Interieur im mintgrünen Kolonialstil wirkt tagsüber frisch und abends warm. Eine mit Sofa und bunten Kissen eingerichtete Kinder-

Der Kaffee für das Vits wird vor Ort geröstet. Das ist eine ganz besondere Duft- und Geräuschkulisse, um Kaffee zu genießen.

ecke lädt auch Eltern auf eine entspannte Tasse Kaffee ein. Das Publikum im Vits ist vielseitig. „Es kommen Omas und Opas, Eltern und ihre Kinder, Schriftsteller, Rechtsanwälte und die Nachbarschaft. Jeder ist herzlich willkommen."

Neben einem großen Kaffeeangebot aus der eigenen Trommel kann man natürlich auch ein Stück Kuchen essen. Der Kuchen stammt aus der Manufaktur „hausgemacht" im Glockenbachviertel sowie aus der Backstube des „Ruffini" in Neuhausen.

Doch auch in der hauseigenen Küche wird frisch gekocht und hier hat sich etwas durchgesetzt, das auf den ersten Blick vielleicht gar nicht so richtig zum Thema „Kaffee" passen mag. Alexander schmunzelt, als er davon erzählt: „Es hat sich irgendwie ergeben, dass unsere Thaigerichte und Currys der absolute Renner sind! Da kommen viele mittags extra zu uns zum Essen."

Röstmaschine, Rohkaffees und Waage stellen einen Teil des stilvollen Interieurs im Vits.

Cascara

(ein sehr erfrischendes – und sehr koffein-
haltiges! – Aufgussgetränk aus den Schalen
der getrockneten Kaffeekirsche)

Zutaten
60 g Cascara auf 1 l Wasser
Zubereitung
Den Aufguss 1 Stunde auf Raumtemperatur
ziehen lassen, danach 5 bis 7 Stunden im
Kühlschrank ziehen lassen.
Anschließend durch einen Papierfilter abseihen.
Eiskalt mit Eiswürfeln und je nach Geschmack
mit Orangen- oder Zitronenzesten garnieren.

„Unser Favorit ist ein Cascara aus Panama:
Finca Carmen (Varietät Caturra, Aufbereitung
natural), süß, fruchtig, leicht floral und super
erfrischend."

Der Cafébetreiber folgt in diesem Fall dem Geschmack seiner Gäste und vertraut seiner Küche, in der eine thailändische Köchin und ein Franzose zusammenarbeiten. Alexander liebt die Menschen und schätzt seine Mitarbeiter genauso wie beispielsweise jene peruanischen Klein-bauern, die sein Logo auf die Kaffeesäcke drucken lassen. Man arbeitet zusammen, mit Respekt und Wertschätzung und ist stolz auf den erst-klassigen Kaffee, der im Vits in die Tassen eingeschenkt wird. Und genauso möchte Alexander weitermachen. „Jeder Röster hat eine eigene Handschrift. Das wissen die Stammkunden zu schätzen. Sehr gern entwickeln wir auch individuelle Röstungen für unsere Kunden."

Wer Lust hat, diese „Handschrift" kennenzulernen und alles über Kaffee zu erfahren, kann eines der Kaffeeseminare besuchen, die Alexander regelmäßig anbietet.

Als ich das Vits verlasse, sind die Türen der großen Glasfront weit geöffnet und ein Hauch von Kaffeeduft strömt auf die Rumfordstraße. Grund genug für einige der Vorbeieilenden innezuhalten und in Ruhe eine Tasse Kaffee zu trinken.

 Vits Rumfordstraße 49, 80469 München, www.vitsderkaffee.de

27

Café Blá

„MIT KAFFEE FÄNGT ALLES AN!"

¶

Es sind nur ein paar Schritte, durch den großen Innenhof des Deutschen Museums hindurch, über die Zenneckbrücke links in die Lilienstraße 34, schon steht man vor dem Café Blá und alles ist blau! Die blaue Fassade, blau gestreifte Markisen und der charmante französische Akzent mit dem Stephanie Bjarnason mich begrüßt, lassen nur kurz ein französisches Gefühl aufkommen, das allerdings schnell im nordischen Wind verfliegt. „Blá", das bedeutet im Isländischen „blau" und das ist auch die Lieblingsfarbe der Inhaberin, die in Island geboren und in Frankreich aufgewachsen ist. Stephanie hat – wie kann es anders sein – blaue Augen und die leuchten, wenn sie von ihrem Café erzählt.

Noch bevor sie passende Räume gefunden hatte, gab es schon Visitenkarten, natürlich in Blau, und vielleicht hatten die Elfen, an die die Isländer so selbstverständlich glauben, ihre Flügel im Spiel, als sie dieses Haus gefunden hat. Klar und nordisch hat Stephanie ihr Herzensprojekt eingerichtet, alles selbst designt und nach eigenen Vorstellungen gestaltet. Sie selbst hat den Joghurt aus den Bechern gelöffelt, um diese dann mit Beton auszugießen und den Lampenfassungen eine individuelle Form zu geben. Ihre Mutter hat die zierlichen Zuckerdosen, die auf den Tischen stehen, handbemalt. „Die Isländer machen gern alles selbst", erzählt Stephanie mir, während ich eine kleine, nordische Zimtrolle serviert bekomme.

Ich fühle mich sofort wohl in diesem cleanen, aber dennoch herzlichen Ambiente. Kaffeetrinken und Island, das hätte ich nicht unbedingt zusammengebracht. Wie sehr ich mich täusche, erfahre ich von der jungen Cafébetreiberin, die mit ihrer

großen Familie vermutlich schon Unmengen an Kaffee getrunken hat. „Alles fängt doch mit Kaffee an", sagt sie voller Überzeugung. „Das ist immer ein guter Start, egal ob man in einem Meeting sitzt, heiratet oder sich mit Freunden trifft. Kaffeetrinken ist eine Lebenseinstellung."

In Island gehörte es früher sogar zum guten Ton, dass jede Hausfrau ihren eigenen Kaffee geröstet hat. Und was in Bayern eine „Brotzeitpause" ist, wird in Island selbstverständlich „Kaffeepause" genannt – sogar in den isländischen Schulen. Es markiert ein bisschen auch den Übergang vom Kind zum Erwachsenen, wenn man endlich Kaffee trinken darf. Ich höre und staune und mir wird klar, dass ich von den Isländern keine Ahnung habe. Kulinarisch brachte ich mit dem Land eher „Hárkarl", das fermentierte Fleisch des Grönlandhais, in Verbindung. Von solchen gewöhnungsbedürftigen Spezialitäten ist das Café Blá zum Glück weit entfernt. Da entspricht der aromatisierte Honig aus der Imkerei von Stephanies Bruder (in Frankreich) auch viel mehr meinem Geschmack.

In Island zählen Freunde und Nachbarn mit zur Familie und so kommt man schnell auf rund 200 Personen, die sich bei einem Familientreffen zusammenfinden können. Die Isländer pflegen und lieben diesen Zusammenhalt. Traditionell trinkt man dann gern einen Filterkaffee, den es im Café Blá natürlich auch gibt. Probieren sollte man ihn unbedingt ohne Milch und Zucker, in seiner reinsten Form. Dazu kann man sich dann frischgebackene Waffeln bestellen, die ebenfalls typisch für die nordischen Länder sind. Es gibt sie in herzhaften Varianten mit Lachs und Frischkäse, vegetarisch oder süß mit Früchten.

„In diesem Café geht es um Kaffee", sagt Stephanie. Die Nordländer gelten als besonders glücklich und sie ist davon überzeugt, dass der Kaffee einen großen

Die hausgemachten Zimtschnecken werden zum Schutz vor Trollen ins Glas gesperrt.

**Bei der Filterkaffee-Zubereitung
kommt es auf jedes Gramm an.
Die Espressomaschine ist natürlich – blau!**

Anteil daran hat. Natürlich muss es ein hochwertiger Kaffee sein! Ihre exklusive Mischung bezieht sie von der Rösterei „Vits" (S. 152) in München. Die Röstung trägt den Namen „Álfrún" (Aulfrün ausgesprochen), was so viel wie „Elfengeheimnis" bedeutet. Damit ist auch meine Frage beantwortet, ob Stephanie denn einige der isländischen Elfen mit nach München gebracht hat. In Island glauben vermutlich achtzig bis neunzig Prozent der Bevölkerung an Riesen, Trolle und Elfen. Stephanies Gesichtsausdruck bleibt ernst, als sie mir erzählt, dass es ein eigenes Elfenministerium gibt, das dafür Sorge trägt, dass Elfen durch den Bau neuer Straßen nicht gestört werden, ansonsten wird eben anders geplant. Ich glaube ihr wirklich jedes Wort und genieße es in diesem Moment besonders, an diesem zauberhaften Ort zu sein.

Fragt man die Cafébetreiberin, was sie sich für ihre Gäste wünscht, muss sie nicht lange überlegen: „Es geht hier nicht um mich, ich möchte, dass meine guten Produkte überzeugen. Jeder soll hierherkommen und so etwas wie ein erweitertes Zuhause finden." Manchmal beobachtet sie, wie zwei völlig fremde Menschen miteinander ins Gespräch kommen, und das erfüllt sie mit Freude. Denn sie hat den Traum, einen Ort zu schaffen, der einen positiven Einfluss auf das Leben hat. „Jeder soll mit einem Lächeln, kreativen Ideen und innerer Freiheit das Café Blá verlassen und am besten bald wiederkommen", sagt sie.

Skúffukaka

(Schoko-Lakritze-Kuchen aus Island, ein Klassiker bei Kindergeburtstagen)

Für eine Springform (28 cm Durchmesser)

Zutaten für den Teig

240 g Mehl
260 g Zucker
40 g Kakaopulver
1 TL Natron
1 TL Backpulver
1 TL Salz
1 TL Zimt
190 ml Buttermilch
100 g Margarine
65 ml heißes Wasser
2 Eier
4 Lakritzschnecken

Zutaten für die Glasur

140 g Puderzucker
2 EL Kakaopulver
30 g Margarine
2 EL frisch gebrühter Kaffee
Kokosraspel

Zubereitung

Den Backofen auf 175 Grad (Umluft) vorheizen. Die Kuchenform einfetten.
In einer Schüssel alle trockenen Zutaten sieben und gut vermischen: Mehl, Zucker, Kakaopulver, Natron, Backpulver, Salz und Zimt. Die nassen Zutaten – Buttermilch, zerlassene Margarine, Wasser und Eier – nacheinander hinzugeben und gut verrühren.

Die Lakritzschnecken ausrollen, in kleine Stücke schneiden und unter den Teig heben. Teig gleichmäßig in der Kuchenform verteilen und ca. 30 Minuten im Ofen backen.
Während der Kuchen im Ofen ist, die Glasur vorbereiten: Puderzucker und Kakaopulver sieben, zerlassene Margarine hinzugeben und verrühren.

Danach den frisch gebrühten Kaffee langsam dazugeben, bis eine cremige Glasur entsteht. Auf dem noch warmen Kuchen verteilen und mit Kokosraspeln bestreuen.

Als ich rausgehe, glaube ich, ein wenig vom Elfenglanz mitgenommen zu haben. Ich werde sicher wiederkommen.

 Café Blá Lilienstraße 34, 81669 München, www.cafebla.de

28

White Rabbit's Room

„EIN KANINCHENBAU MIT RAUM ZUR ENTFALTUNG!"

¶

Nur rund fünf Minuten benötigt man zu Fuß, um vom Rosenheimer Platz in die Franziskanerstraße 19 zu kommen und in eine völlig andere Welt einzutauchen. Es ist die Welt von Christina Doms und ihrem etwa fünfzehnköpfigen Team, mit dem sie zusammen genau genommen sogar zwei Cafés betreibt: zum einen den größeren White Rabbit's Room und zum anderen den kleinen Ableger, den Little Rabbit's Room am Wiener Platz 6.

Beide Cafés bestechen durch ein ungewöhnliches Gestaltungskonzept, das ihnen innerhalb des Teams auch den Namen „Kaninchenbau" eingebracht hat. Man muss wirklich nicht lange suchen, um die Hinweise auf die Geschichte zu entdecken, die es Christina angetan hat. Niemand Geringeres als das weiße Kaninchen aus dem bekannten Buch „Alice im Wunderland" des britischen Schriftstellers Lewis Carroll inspirierte die Cafébetreiberin zu ihrer Einrichtung. Als sie mit Freunden über den künftigen Namen nachdachte, fiel ihr das verrückte weiße Kaninchen ein, der immer unter Zeitdruck steht. Im White Rabbit's Room darf er rasten. Als Gast begegnet man dem weißen Langohr samt einigen Zitaten aus dem Buch an den Wänden. Und es ist unverkennbar seine Taschenuhr, die übergroß über den Tischen hängt. Das Kaninchen mahnt mich, die Schönheit des Lebens zu genießen. Die Momente in diesem Café gehören unbedingt dazu.

Die Gäste erwartet aber kein dunkler, sondern ein heller, weißer „Kaninchenbau". Weiße Stühle, dunkle Holztische und jede Menge Alice-im-Wunderland-Gefühl laden dazu ein, sich erst einmal in Ruhe umzusehen. Direkt im Café gibt

es auch einen Laden, in dem man für den „eigenen Bau" zuhause schnell fündig wird. Bunte Tassen, Schalen, Kerzen, Taschen, Körbe und vieles mehr hat Christina zusammengetragen. Alles wirkt hell, freundlich und fröhlich. Dazu tragen auch die weiß gestrichenen Baumstämme bei, die sich im White Rabbit's Room locker verteilen. „Ich habe die Eschen im Chiemgau selbst gefällt. Acht Bäume wurden hier verbaut", verrät mir die Cafébesitzerin. Eröffnet hat sie 2012 und folgte dabei ihrem Wunsch, ihren Gästen einen Raum zu bieten, in dem man sich entfalten und es sich gut gehen lassen kann. Dabei überließ sie nichts dem Zufall: „Für den skandinavischen Stil habe ich die Kissen und Spitzendecken selbst gefärbt."

Neben Kuchen und Kaffee findet man viele kleine Geschenkideen im White Rabbit's Room – und natürlich weiße Kaninchen.

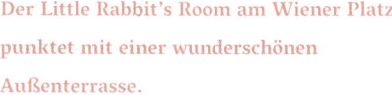

**Der Little Rabbit's Room am Wiener Platz
punktet mit einer wunderschönen
Außenterrasse.**

Allergrößten Wert legt sie auf beste Qualität ihrer Lebensmittel. Alles wird frisch zubereitet. Das Frühstück stellt sich jeder Gast individuell zusammen, indem er auf einer Karte das Gewünschte ankreuzt. Verschiedene Sorten Müsli, Croissants, warme Zimtschnecken, Bagels, Waffeln, aber auch Lachs und Käse stehen in pinker Schrift auf der Karte. Frühstück gibt es bis 14.30 Uhr. Die Mittagskarte, auf der sich verschiedene Salate, Pastagerichte oder auch ein Rote-Bete-Carpaccio finden lassen, wechselt wöchentlich. „Wir gehen auch auf sämtliche Intoleranzen ein und finden für jeden etwas", versichert Christina, die übrigens oft persönlich in der Küche anzutreffen ist.

„Ich bin kein Mensch, der gern im Mittelpunkt steht, aber als leidenschaftliche Gastgeberin möchte ich meinen Gästen nur beste Qualität servieren." Dabei kennt Christina keine Grenzen: Obwohl sie selbst kein Fleisch isst, ist sie die unangefochtene Roastbeef-Queen in der Küche.

Wer einen Kaffee im „Kaninchenbau" trinkt, bekommt eine Röstung der Marke „Hausbrandt" von einem Traditionsunternehmen aus Triest. Die Entscheidung für diesen Kaffee fiel so schnell wie eindeutig: „Wir haben den genommen, den ich auch mag", verrät Christina.

Neben dem Kaninchen aus „Alice im Wunderland" gibt es aber ganz offensichtlich noch etwas, was der Cafébetreiberin am Herzen liegt: Kinder! Ich erfahre, dass sie selbst drei Töchter hat. Damit bringt Christina ein sicheres Gefühl für die Bedürfnisse von Eltern und Kindern mit, die ja ebenfalls gern einmal ins Café gehen, was bekanntermaßen nicht immer nur auf Gegenliebe stößt.

Auf einem erhöhten Podest findet man den vielleicht schönsten Platz im Café. Die Wohnzimmeratmosphäre, die durch gemütliche Sessel, ein Fell auf dem Boden, eine Spielkiste und einen unverstellten Blick nach draußen entsteht, lässt kaum Wünsche offen. Christina hat die „Micky Maus" abonniert und für Kinderwägen stellt

Rabbit's Rübli

Für eine Reine/Auflaufform (ca. 30 x 24 cm)

Zutaten für den Teig

5–6 Karotten (je nach Größe)
300 g gemahlene Haselnüsse (geht auch
mit gemahlenen Mandeln)
200 g Zucker (gerne Rohrzucker)
5 Eier
1 EL Backpulver

Zutaten für das Topping

ca. 200 g Frischkäse
100 g Zucker (wer mag, kann auch
weniger nehmen)

Zubereitung

Das ist ein All-in-Teig und somit absolut einfach:
Alle Zutaten miteinander vermischen und 30
Minuten bei 175 Grad (Umluft) im Ofen backen.

Das Topping auf dem kalten Kuchen verteilen.
Am besten schmeckt der Kuchen, wenn er eine
Nacht ziehen und ruhen durfte und das Topping
erst danach darauf verteilt wird!

Für gute Laune im „Kaninchenbau" sorgen
das weiße Kaninchen und der Rüblikuchen.

Und weil es so schön ist, den Kuchen mit
Kokosraspeln, dazu kleinen Marzipankarotten
oder auch gehackten Haselnüssen/Mandeln
dekorieren.

sie extra „Parkplätze" zur Verfügung. Im Little Rabbit's Room, wo der Platz dafür
nicht ausreicht, gibt es Fahrradschlösser, um die Wägen draußen abzuschließen.

Als ich den White Rabbit's Room verlasse, fühlt es sich an, als würde ich aus
einem Märchen in die Realität zurückkehren. Ich habe mich in der Kaninchenfami-
lie sehr wohlgefühlt, die ich sicher wieder besuchen werde.

 White Rabbit's Room Franziskanerstraße 19, 81669 München, www.white-rabbits-room.de

29

Café Käthe

„SIE TRÄUMEN VON KAFFEE …!"

¶

Wieder habe ich das Gefühl, in einer Zeitkapsel unterwegs gewesen zu sein. Das Café Käthe ist ein Wohnzimmer aus den Jahren, als meine Oma noch jung war, gleichzeitig aber auch viel mehr als das! 67 Jahre lang befand sich in den hohen Räumen der Gebsattelstraße 34 der Tante-Emma-Laden von Käthe Arnold. Genau an diese Käthe soll der Name des Cafés auch erinnern. Der Name, aber nicht das Logo, das ein feines Frauengesicht abbildet. Dafür stand nämlich eine Fotografie der Uroma der Cafébetreiberin Modell. Das Café Käthe ehrt die beiden Frauen also auf seine ganz eigene unaufdringliche Art und Weise.

Als Vera von Rimscha die Räumlichkeiten übernahm, bekam sie von ihrem Vermieter – der in dem Laden groß geworden war – die Auflage, die umfangreichen Holzeinbauten zu bewahren. „Jede Schublade hat eine Nummer und passt nur an eine ganz bestimmte Stelle", weiß Vera zu berichten. Doch das schreckte sie nicht ab, im Gegenteil. Sie mag die Möbel, die sie im wahrsten Sinne des Wortes wieder aufmöbelt, poliert und einlässt, bis sie im alten Glanz erstrahlen. Dabei dürfen sie aber auf keinen Fall ihren gebrauchten Charme verlieren. „Hier ist alles wirklich alt, also nicht auf alt gemacht!"

Die Decke war ursprünglich weiß gestrichen, darunter wurde eine wunderschöne Deckenmalerei freigelegt, die ebenfalls bewusst nicht restauriert wurde.

„Dieser Ort entspricht der Sehnsucht der Stadt", sagt Vera, die das Café Anfang 2008 in der Münchner Au eröffnete. Ich ahne, was sie meint, denn auch ich suche genau diese Orte, in die man eintaucht und bei denen man den Alltagsstress drau-

ßen lassen kann. Es ist derart gemütlich, dass man von den alten Sesseln und Sofas gar nicht mehr aufstehen mag.

„Ein Sofa wurde mir von einem älteren Mann gebracht. Seine Frau wollte es nicht mehr. Das ging ihm gegen den Strich. Er konnte es einfach nicht wegschmeißen." Im Café Käthe sitzen heute noch viele Gäste gern darauf und während man auf den Kaffee wartet, hat man Zeit sich umzusehen. Ein Sammelsurium des Lebens, eine Augenweide, ein Raum voller Möglichkeiten. Wie in einem echten Wohnzimmer der Großeltern stehen Bücher in den Regalen, die man übrigens lesen und sogar ausleihen kann. Mittendrin Gläser, Porzellan, Thermosflaschen, Säfte und Tee. Alles gerade so, als würde Oma Käthe sich gleich aus ihrem Sessel erheben, gemächlich die Sachen aus dem Schrank nehmen und für die Familie den Tisch decken. Dieses heimelige Zuhause-Gefühl scheint sich auf die Gäste zu übertragen. Man kennt sich. Wer reinkommt, fragt, wie es geht und was es Neues gibt. „Das Café ist ein echtes Nachbarschaftscafé. Hier erfährt man, was im Viertel los ist. Ich bin da irgendwie so reingewachsen. Am Anfang hatten wir nur sechs Kaffeetassen!"

Manchmal, aber selten, steht jemand in der Tür und dreht sofort wieder um. „Denen ist das zu nahe hier", vermutet Vera. Doch allen anderen macht die Nähe nichts aus.

Glaubt man den Gästen, gibt es hier den besten (auch glutenfreien) Kuchen des Viertels, und der kommt vom „K.O. Backkollektiv ökologischer Backwaren" in München-Schwabing. Es ist für jeden Geschmack etwas dabei: Mohnkuchen, Amaranth-Schnitte oder Schokokuchen mit Himbeeren. Kleine Gerichte, Toasts,

Im Café Käthe fühlt man sich drinnen
wie draußen gut aufgehoben.

Tramezzini, Salate oder Suppen werden vor Ort frisch zubereitet. Für die gluten-freien Kuchen und Gerichte steht eine extra Vitrine bereit und eigene Schneid-bretter.

Stilecht auch das antike Schild im Holzensemble, das mit der Aufschrift „Kaffee stets frisch geröstet!" wirbt. Früher beherbergte der Laden also auch einmal eine Rösterei. Heute kommt der hervorragende Kaffee aus der Münchner Rösterei „Vits" (S. 152).

Mit Vera könnte man lange weiterplaudern, denn sie blickt weit über den Rand ihrer Kuchenteller hinaus. „Manchmal nehmen wir zu aktuellen Geschehnissen Stellung und hängen ein Gedicht ins Fenster. So ein Laden ist schließlich ein State-ment!"

Glutenfreier Zitronenkuchen

Zutaten

4 Bio-Zitronen

150 g weiche Butter (für eine laktosefreie
Variante kann man auch Margarine nehmen)

150 g Zucker

4 Eier

50 g Kartoffelmehl

150 g gemahlene Mandeln

50 g Buchweizenmehl (Achtung! Für Zöliaki-
Betroffene auf Zertifikat achten.)

1/2 TL Natron

150 g Puderzucker

Zubereitung

Zunächst von drei ungespritzten Bio-Zitronen
die Schale mit dem Zestenreißer in langen Fäden
abziehen. Zwei davon anschließend filetieren und
von der Dritten den Saft auspressen. Schale, Saft
und Filets beiseitestellen.
Die weiche Butter mit dem Zucker gut vermengen, bis der Zucker quasi mit der Butter
verschmolzen ist.

Eier einzeln zugeben und geduldig rühren,
bis es schäumt.

Danach die Mehle, die Mandeln und das Natron
unterrühren, zuletzt Schale, Saft und Filets der
Zitronen einrühren.

Eine quadratisch Form (Reine) 20/20 Zentimeter
mit Backpapier auslegen und die Masse einfüllen.
Bei 160 Grad (Umluft) ca. 50 Minuten im Ofen
goldbraun backen.

Nach dem Auskühlen ebenfalls Zesten von der
letzten Zitrone schälen. Die Zitrone auspressen
und den Saft mit dem Puderzucker zu einer
dickflüssigen Glasur verrühren. Schön dick auf
dem Kuchen verteilen und darauf die Zesten
streuen.

„Mehr Zitrone bekommt man kaum in einen
Kuchen. Im Sommer wunderbar und im Winter
erinnert er an den Sommer, auch wunderbar!"

Nach diesen Worten verlasse ich Vera und das Café Käthe, in dem man mit den
anderen Gästen und der Gastgeberin so leicht und unverbindlich reden kann. Es
ist gut, dass es Wohnzimmer-Oasen wie dieses Café gibt.

 Café Käthe Gebsattelstraße 34, 81541 München, www.cafekaethe.blogspot.de

Es ist, als würde man bei Oma
in die Küche schauen und sich dann
in einen ihrer gemütlichen Sessel
setzen. Fast glaubt man, sie rufen zu
hören: „Der Kuchen ist gleich fertig!"

30

Buchcafé Lentner

„INSEL IM
GROSSSTADTWAHNSINN!"

Manchmal ist man seinen Träumen einen Schritt voraus – irgendetwas muss sich Thomas Felber dabei gedacht haben, als er 2006 die architektonisch schönen Räume in der Balanstraße 14 anmietete. Doch was er genau damit anfangen wollte, war ihm zunächst nicht klar. Seit 1976 ist er Geschäftsführer der renommierten „Buchhandlung Lentner" in der Münchner Innenstadt. Nun wünschte er sich eine weitere Dependance, die mehr als eine reine Buchhandlung sein sollte.

„Ich habe mich zuhause mit einer Flasche Rotwein in den Garten gesetzt und überlegt, was mir außer Büchern noch gefällt. Als leidenschaftlicher Kaffeetrinker und dem Wein nicht abgeneigt, stand das Konzept bald fest." Eine Buchhandlung, ein Café, ein Wohnzimmer, das alles zusammen sollte es sein. „So etwas gab es damals in München noch nicht. Das war ein ganz neues Konzept", erklärt mir Thomas.

Die Einrichtung zimmerte er aus Sperrmüll zusammen und stattete das Buchcafé Lentner mit all den Dingen aus, die ihm gefielen und die er sich zuhause auch ins Regal stellen oder an die Wand hängen würde.

Betritt man das Ladencafé, findet man zunächst das, was man erwartet: Bücher. Obwohl, das stimmt nicht ganz, da gibt es in der obersten Regalreihe schon erste Hinweise, dass es beim Lentner in der Balanstraße um mehr geht als nur um beschriebene Seiten. Den Abschluss der literarischen Werke in den Regalen bildet nämlich eine ansehnliche Auswahl hervorragender italienischer Weine.

Links ein paar Stufen hinauf lockt dann Thomas' unübertreffliche Wohnzimmeratmosphäre. Ein Omasofa mit üppigen Blumenornamenten beherrscht den

Raum. Dazu gesellen sich kleine Holztische und Stühle aus Korb oder Holz sowie ein Klavier, auf dem laut Buchcafébetreiber auch manchmal Gäste spielen. Sich umzusehen, kommt einer Entdeckungsreise gleich: ein antikes Telefon mit Wählscheibe, ein altes Radio, Schwarz-Weiß-Fotografien aus vergangenen Tagen, eine mechanische Schreibmaschine und natürlich Bücher, Bücher, Bücher. Ich persönlich kann mir kaum einen schöneren Ort vorstellen.

„Unsere Cafégäste sind kunterbunt gemischt, viele kommen, um schnell einen Espresso zu trinken, manche wollen einfach nur ratschen. Andere wiederum schnappen sich ein Buch aus dem Sortiment und schmökern ein bisschen bei einem Cappuccino. Und dann gibt es auch Gäste, denen fallen auf dem Omasofa bei angenehmer Musik für ein paar Minuten die Augen zu, während sie den Kafka noch in den Händen halten. Das berührt mich dann schon, wenn einem so viel Vertrauen entgegengebracht wird und die wohlige Stimmung zu einem Nickerchen einlädt."

Auf der Theke im Wohnzimmerbereich steht immer ein hausgemachter Kuchen aus einer Bäckerei in Wolfratshausen, der Kaffee stammt aus einer kleinen Rösterei in Südtirol. Der Name soll geheim bleiben. Doch Thomas weiß genau, um was es beim Espresso geht: „Bei einem richtig guten Espresso behältst du den Geschmack eine halbe Stunde im Mund."

Was braucht man mehr? Ein Buch, einen Stuhl, einen Tisch und darauf einen Kaffee.

Man könnte Thomas stundenlang zuhören. Schon allein sein spielender Wechsel zwischen Hochdeutsch und Bayerisch ist hörenswert. Seine Eltern kamen aus Westfalen, er selbst ist in München-Thalkirchen geboren. Dialekte fallen ihm leicht, außerdem fühlt er sich der Musik verbunden, was wiederum das Klavier erklärt. Als Kind lernte er Blockflöte und ab dem 8. Lebensjahr Klavier. Seine Mutter spielte die 1. Geige im Münchner Orchesterverein. Sein Vater war mit Leib und Seele Buchhändler. So sind es genau die Komponenten, die im Buchcafé Lentner zusammenfinden: angenehme Hintergrundmusik, Bücher und ein geselliger Gastgeber und Buchhändler, der dem Viertel einen sinnlichen, entspannten Ort geschenkt hat. Legendär sind auch die Veranstaltungen, die Lesungen und Musikabende im Lentner. Und

Das Wohnzimmer des Buchladens ist wirklich eins! Also hinsetzen, genießen und den Großstadtrummel für ein paar Minuten vergessen.

Marmorkuchen

Für eine große Guglhupfform

Zutaten

250 g Butter oder Margarine
250 g Zucker
1 Päckchen Vanillezucker
4 Eier
1 Prise Salz
1 Fläschchen Rum-Aroma
500 g Dinkelmehl (630)
1 Päckchen Backpulver
ca. 1/8 l Milch
4 EL Kakao
1 gehäufter EL Zucker
2 – 3 EL Milch

Zutaten für die erste Glasur

160 g Puderzucker
40 g Kakaopulver
etwas Wasser

Zutaten für die zweite Glasur

250 g Zartbitterkuvertüre

Zubereitung

Die Butter schaumig rühren. Nach und nach Zucker, Vanillezucker, Eier, Salz und Rum-Aroma hinzufügen. Dann das Mehl mit dem Backpulver mischen und dazugeben. Milch unterrühren. Nur so viel Milch verwenden, dass der Teig schwer vom Löffel fällt.
Etwa 2/3 des Teigs in eine gefettete und mit Semmelbrösel ausgestreute Guglhupfform geben.

Zum restlichen Teig Kakao, Zucker und so viel Milch geben, dass er wiederum schwer vom Löffel fällt. Den dunklen Teig auf den hellen Teig geben. Für das Marmormuster mit einer Gabel spiralförmig durch den Teig gehen.
Bei 180 Grad (Umluft 160 Grad) 50 bis 65 Minuten backen. Der Kuchen ist fertig, wenn an einem Holzspieß kein Teig mehr kleben bleibt. Den Kuchen nach dem Backen 5 Minuten in der Form auskühlen lassen und dann auf ein Kuchengitter stürzen.

Wenn der Kuchen noch lauwarm ist, den Puderzucker mit dem Kakao und dem Wasser zu einer nicht zu flüssigen Glasur glatt rühren. Vor dem Glasieren mit einem Pinsel die losen Semmelbrösel entfernen und anschließend den Kuchen vorsichtig glasieren.

Wenn die erste Glasur ganz trocken ist (das kann ½ - 1 Tag dauern), die Zartbitterkuvertüre im Wasserbad schmelzen und den Kuchen damit zum zweiten Mal glasieren.
So wird der Kuchen unwiderstehlich!

ein denkbar schönes Schlusswort kommt diesmal vom Buchcafébetreiber selbst: „Jeder Tag ist eine Erfüllung und abends geht man nach Hause und sagt sich heute wie vor zwölf Jahren: ‚Das war ein schöner Tag' und freut sich auf den nächsten!"

 Buchcafé Lentner Balanstraße 14, 81669 München, www.buchlentner.de

31

KaffeeKüche

„KAFFEE TRINKEN BEI UND MIT FREUNDEN!"

¶

Kristina Schwarzkopf und Natalie Porsack arbeiteten zusammen in einer Kletterhalle in Thalkirchen, als sie irgendwann feststellten, dass sie etwas verband: Jede für sich träumte davon, ein Café zu eröffnen! Ein hohes Ziel, das sie gemeinsam erreichen wollten. Ohne Netz und doppelten Boden stürzten sie sich ins Abenteuer und eröffneten nach einer dreimonatigen Umbauphase 2014 ihre KaffeeKüche in der Weißenburger Straße 6 in München-Haidhausen.

Schon draußen im großzügigen Außenbereich des Cafés in der Fußgängerzone wird man verführt, sich einen Platz zu suchen, einen Espresso zu bestellen und die Menschen zu beobachten. Diese Art von „Menschenstudie" gehört übrigens zu meinen persönlichen Lieblingsbeschäftigungen als Schriftstellerin. Doch auch der Innenbereich der KaffeeKüche wirkt sehr anziehend.

„Wir machen das hier genau so, dass wir auch selber hingehen würden", verraten mir die beiden Cafébetreiberinnen, die sich dafür einiges haben einfallen lassen. Kaffeemühlen-Lampen an der Wand sorgen für eine stilechte Beleuchtung, im Eingangsbereich, am großen hellen Schaufenster stehen einige Weinkisten, die mit karierten Kissen zu gemütlichen Sitzgelegenheiten umfunktioniert wurden. Das Holz stammt aus einem ehemaligen Kloster. Und ich hätte niemals gedacht, dass man aus Blumenübertöpfen so schöne Lampenschirme machen kann! Die dekorative alte Waage auf einer Kommode stand schon bei Natalies Opa im ehemaligen Tante-Emma-Laden. Damit hat sie als Kind gespielt. Viele dieser Details zeugen von Natalies und Kristinas Geschmack und ihrer scheinbar unbändigen

Kreativität. „Es soll gemütlich sein. Wir setzen auf Recyceltes, auf Holz und Metall. Das ist robust und richtig schön."

Doch auch was den Kaffee betrifft, machen die beiden keine Zugeständnisse. „Der Kaffee muss perfekt sein", lautet die Devise. In einer Blindverkostung fanden sie „ihren" Espresso schließlich in der Münchner Rösterei „emilo" (S. 140). Mit dem kräftigen „ORSO POLARE" übernahm die Rösterei seinerzeit eine Patenschaft für die kleine Eisbärin „Nela" aus dem Tierpark Hellabrunn. „Wir wollen nicht nur nehmen, sondern auch geben", lautet die Begründung der Cafébetreiberinnen.

Und sie geben richtig viel! In der KaffeeKüche begegne ich einer der kleinsten Küchen auf meiner Reise durch die Münchner Café-Welt. Ein wirklich winziger, nahezu quadratischer Raum ohne Fenster. Gemessen an der Vielfalt, die dort hausgemacht produziert wird, ist das eine kleine Sensation. Denn die KaffeeKüche, die auf saisonale und regionale Produkte großen Wert legt, hat einiges zu bieten. Hausgemachte Kuchen wie Kirsch-Bananen-Kuchen, Mohnzopf, Espresso-Nuss- oder Apfel-Zimt-Kuchen werden in jener Miniküche gebacken, aber auch alles fürs Frühstück, die Müslis, die Panini, die belegten Brote, die Rührei-Kreationen und Toasts, die Suppen und Salate – alles wird vor Ort frisch zubereitet. „Wir leben das und wollen nur das Allerbeste bieten."

Für diese, auch organisatorische Leistung hat das Team der KaffeeKüche allergrößte Anerkennung verdient. Vielleicht liegt es ja daran, dass Natalie die ländliche

Die KaffeeKüche hat einen großen Außenbereich in der Fußgängerzone. Hier kann man im Sommer herrlich sitzen und dem Haidhauser Treiben zuschauen.

Hauswirtschaftsleitung gelernt hat und sich um die Zahlen kümmert, die beiden schaffen es jedenfalls, auf kleinstem Raum alles zu managen. Das Team aus rund zwölf Mitarbeitern tut das Seine dazu.

„Wir kommen hier alle mit einem Lächeln zum Arbeiten. Das überträgt sich auf die Gäste. Manche setzen sich, essen und trinken etwas, und hören einfach zwei Stunden in unsere KaffeeKüchen-Welt hinein", erklären Natalie und Kristina. Ich verstehe gut, was sie meinen, denn die KaffeeKüche scheint ein eigener Kosmos zu sein. Da wundert es auch nicht, dass die Getränke im Sommer die Namen der Gäste und im Winter die Namen der Mitarbeiter tragen.

In der KaffeeKüche befindet sich eine der kleinsten Küchen. Die ausschließlich hausgemachte Speisenauswahl ist deshalb umso beeindruckender. Ich glaube, das Team kann zaubern!

Himbeer-Mohn-Tarte

Für eine Springform (28 cm Durchmesser)

Zutaten für den Teig

150 g Butter
120 g brauner Zucker
2 Eier
100 g Buchweizenmehl
2 TL Backpulver
100 g Mohn

Zutaten für die Creme

4 Eier
250 ml Sahne
4 EL Zucker
Schale einer halben Zitrone
1/2 TL Zimt
400 g Himbeeren

Zubereitung

Butter und Zucker schaumig rühren und die Eier
nach und nach hinzufügen. Buchweizenmehl,
Backpulver und Mohn mischen und langsam
unter die Ei-Butter-Mischung rühren.
Alle Zutaten für die Creme in eine hohe Schale
geben und mit dem Pürierstab pürieren, sodass
eine homogene Masse entsteht. Himbeeren
waschen und trocken tupfen.

Die Backform gut einfetten und mit Mehl bestäu-
ben. Dann den Teig auf den Boden streichen, die
Himbeeren oben auf legen und mit der
Sahnecreme übergießen. Dann 35 Minuten bei
180 Grad (Umluft) im vorgeheizten Ofen backen.
Warm und mit Puderzucker bestäubt genießen.

Gibt es noch etwas, was ihr euren Gästen
gern einmal sagen würdet, frage ich spontan,
bevor ich gehe. „Ja", antworten die beiden fast
einstimmig. „Wir würden gern sagen, dass die
Menschen, die den Kuchen gebacken haben, auch hinter der Theke vor den Kunden
stehen. Wir machen hier alles selbst und wir machen es mit ganz viel Liebe!"

 KaffeeKüche Weißenburger Straße 6, 81667 München, www.kaffeekueche.net

32

Livingroom

Livingroom lautet der verheißungsvolle Name des Ladencafés am Wiener Platz 2 von Julia Prislin und ihrem Mann Gerald. Und die erste Frage, die ich mir stelle, als ich hereinkomme, ist: Kann ein Café überhaupt noch mehr ein Zuhause sein als dieses hier? Denn im Livingroom fühlt man sich sofort aufgehoben!

Die stilvolle weiße Theke und dahinter die auffällig schöne, antike italienische Espressomaschine der Marke „Elektra" fallen mir sofort auf. Die Fotos an der Wand, das Porzellangeschirr, die Zuckerdosen mit dem Blumendekor – all das fängt den Blick ein. Doch das Livingroom ist viel mehr als nur ein Café. Es ist auch ein Einrichtungsladen. Ein Ort zum Bleiben und zum Schauen. Denn ringsherum findet man alles, was man sich zuhause im eigenen Heim nur wünschen könnte. Antiquitäten, Kissen, alte Bilderrahmen, Geschirr, Porzellanfiguren, Lampen, Kerzen, Silberbesteck und vieles mehr. Besondere Stücke, ganz weit weg vom Möbelhaus-Einheitsstil. „Wir haben hier wirklich antike Sachen, die Möbel sind nicht auf ‚alt' gemacht", erzählt mir Julia, während ich an einem der Holztische inmitten der schönen Wohnwelten sitze und Kaffee trinke.

„Wir hatten von Anfang an die Idee, Café und Einrichtungsladen miteinander zu kombinieren. Viele Kunden setzen sich erst mal an einen Tisch und schauen sich dann bei einer Tasse Kaffee und einem Stück Kuchen eine Weile ganz in Ruhe um." Es gibt nicht viele Orte, an denen man das machen kann, geht es mir durch den Kopf. Der Kaffee stammt übrigens von der Marke „Hausbrand" aus Triest. Der Kuchen ist hausgemacht, ebenso wie die Croissants. Doch damit nicht genug: „Der wahre Renner ist bei uns der Gurkensalat mit Flusskrebsen. Dafür kommen viele Kunden mittags extra her." Das Auge isst ja bekanntlich mit und das für ein Café wirklich außergewöhnliche Gericht sieht auf dem Teller sehr appetitlich aus – und der Geschmack steht dem in nichts nach.

Der Blick für das Schöne ist berufsbedingt. Julia ist Stylistin und Gerald Modefotograf. Auf ihren vielen Fotoreisen nach Amerika, Südafrika, Spanien, Italien und Frankreich sammelten sie die unterschiedlichsten Eindrücke. Ein Ladencafé in Kapstadt inspirierte sie, so etwas auch in München zu versuchen. Einige der originellen Bilderrahmen brachten sie aus Südafrika mit. Antiquarisch vorbelastet im besten Sinne ist Julia durch ihre Mutter, die ebenfalls Antiquitätenhändlerin ist. Bis heute fahren Julias Eltern mit auf die Antiquitätenmärkte in Belgien, um neue Schätze für den Laden zu finden.

Ausgestattet mit einem geschulten Blick für Ästhetik, war der Schritt zum eigenen Ladencafé nicht mehr weit. Als das Livingroom 2006 eröffnete, verlieh es dem Wiener Platz einen Teil seines Charmes und hat sich schnell in die Herzen der Kunden und Gäste geschlichen. Einige kommen jeden Tag und genießen die Gesellschaft der beiden Gastgeber wie auch der langjährigen Mitarbeiterin Corinna, die im Livingroom sogar ihre Ausbildung gemacht hat.

„Anfangs kamen überwiegend Frauen zu uns. Doch inzwischen gibt es eine feste Gruppe von Männern, die fast jeden Morgen kommt. Dann setzen sie sich bei gutem Wetter nach draußen und reden über die großen Themen der Welt. Mein Mann Gerald ist dann erst mal eine Weile beschäftigt."

Julia und Gerald haben ein Auge für die schönen Dinge des Lebens. Das Ladencafé am Wiener Platz liefert den anschaulichen Beweis dafür.

Die herzliche Offenheit der beiden Cafébetreiber kommt bei den Gästen gut an. Man kennt sich schon lange und weiß sich gegenseitig zu schätzen.

Obwohl ihre Jobs als Fotograf und Stylistin weiterhin eine Rolle in ihrem Leben spielen, haben Julia und Gerald am Wiener Platz ihre Basis gefunden. Sie fühlen sich angekommen. „Ich bin nicht mehr so getrieben und renne auch nicht mehr ständig meinen Gedanken hinterher", erzählt Julia.

Auch ich kenne die Getriebenheit von der sie berichtet und beobachte eine Mutter-Kind-Gruppe samt Kinderwägen, die draußen mitten auf dem Wiener Platz Gymnastik macht. Danach werden sie vielleicht einen Kaffee im Livingroom trinken.

Im Cafébereich gibt es eine wunderschöne, fast schon antike Espressomaschine. Der Geschmack des Kaffees steht der Optik der Maschine in nichts nach.

Gurkensalat mit Flusskrebsen

Zutaten für 4 Portionen

3 Salatgurken
6 EL Crème fraîche
3 TL Zucker
Salz und Pfeffer
1 Handvoll Koriander
Teriyaki Sauce
2 EL Flusskrebse (gekocht und in Salzlake eingelegt)

Zubereitung

Die Salatgurken schälen und in dünne Scheiben hobeln. 6 Esslöffel Creme Fraîche darüber geben. Den Zucker dazugeben, salzen und pfeffern. (Gurken brauchen viel Salz!) Den Koriander grob hacken und alles kräftig durchmischen.
Zum Anrichten pro Portion 2 Esslöffel Fluss-krebse auf das Gurkenbett geben und mit Teriyaki Sauce überträufeln. Dazu reichen wir ein warmes/getoastetes Oliven-Ciabatta.

„Wir haben den Gurkensalat das erste Mal in Kapstadt gegessen, da man in warmen Ländern gerne kalte Gurkengerichte als Appetizer anbietet. Das Rezept haben wir dann mit der Teriyaki Sauce für uns verfeinert."

Gern schließe ich mich dem Traum einer Stammkundin an, einmal für eine Nacht im Livingroom eingesperrt zu sein. Dann könnte man ungestört in all den schönen Dingen stöbern.

 Livingroom Wiener Platz 2, 81667 München, www.livingroom.la

33

ZimtZicke

„BEI OMA SCHMECKT ES AM BESTEN!"

¶

Bilder sagen mehr als tausend Worte, vor allem, wenn diese unter die Haut gestochen wurden. Noch bevor ich auch nur einen Satz mit Nora Wolf über ihr Café ZimtZicke in der Elsässer Straße 25 gesprochen habe, weiß ich Bescheid! Ihren rechten Oberarm ziert eine aufwendige Tätowierung: eine Marylin, die auf einer Kaffeetasse sitzend einen kleinen Kuchen balanciert. Nora folgt meinem Blick, lächelt und präsentiert mir unaufgefordert auch noch ihr Handgelenk, auf dem das Logo ihres Cafés – ein doppeltes „Z" für ZimtZicke – zu sehen ist. Braucht man mehr Beweise, dass es sich hier um ihren Lebenstraum handelt?

Doch bevor es damit losging, hatte Nora etwas „Ordentliches" gelernt, wie sie selber sagt. „Das eigene Café war schon ein ganz großer Traum von mir, aber erst mal ging es in eine andere Richtung." Sie lernte Modedesign in Stuttgart, arbeitete nebenbei in der Gastronomie und regelmäßig als Breznverkäuferin auf dem Oktoberfest. Schließlich sattelte sie um auf Hotelfachfrau und kam damit ihrem eigentlichen Traum wieder etwas näher. Eines Tages surfte sie auf einer Immobilienseite und wurde um fünf Uhr morgens fündig. Dort wurde der kleine Laden angeboten und Nora überlegte nicht lange. Was Stil und Einrichtung angeht, war es ganz einfach: „Wo war es früher am schönsten und wo schmeckte es am besten? Bei Oma."

Von ihren Omas bekam Nora dann auch einen großen Teil der Einrichtung, viel Geschirr und auch die Emailletöpfe, die auf den Tischen stehen und als Besteckhalter dienen. Manche Dinge fand sie auf dem Flohmarkt oder bekam sie von den Gästen geschenkt. Auch Noras Eltern halfen mit. In der Bildergalerie habe ich schließlich zwischen alten Hollywoodstars ein Foto ihrer damals noch jungen Eltern entdeckt. Man spürt, dass ihre Familie in der ZimtZicke eine ganz wichtige Rolle spielt.

Weil alle mithalfen, entstand ein urgemütliches Wohnzimmercafé, das diesen Namen tatsächlich verdient. Auf der üppigen Dekortapete hängen Weinkisten, die als Regale dienen, und das Stickbild im Goldrahmen passt perfekt in das heimelige Ambiente aus längst vergangenen Zeiten. Kulinarisch setzt Nora ganz auf Familienrezepte und dabei folgt sie einem eingespielten Wochenritual: Montags gibt es Nussecken, mittwochs Apfel-Zimtschnecken, freitags Omas Scheiterhaufen und am Wochenende hausgemachte Pfannkuchen mit Puderzucker. Außerdem vier bis fünf kleine Mittagsgerichte wie Suppen, Salate und Pasta. Frühstücken kann man übrigens den ganzen Tag! „Das liegt an mir", verrät mir Nora fröhlich. „Wenn ich Frühstücken gehe, dann sicher nicht vor 13 Uhr. Die Gäste genießen deshalb diesbezüglich alle Freiheiten." Dazu gibt es natürlich auch guten Kaffee, der aus der Unterhachinger Rösterei „Supremo" kommt. „Unsere Gäste fühlen sich hier wie in einem zweiten Zuhause. Sie bringen ihre Zeitung mit, trinken Kaffee und machen es sich bequem."

Schließlich kann ich mir die Frage nach dem Namen doch nicht verkneifen. Es ist schon ungewöhnlich, wenn man sein Café „ZimtZicke" nennt. Hat das etwa mit Nora zu tun? Sie grinst, vermutlich wird sie das oft gefragt. „Ich habe lange über-

Stickbilder, Emailletöpfe und alte Zuckerdosen sind ein Teil der Wohnzimmereinrichtung des Cafés.

legt. Ich wollte etwas Deutsches, das irgendwie mit Essen zu tun hat und das man sich gut merken kann."

Besonders zickig kann Nora jedenfalls nicht sein, denn sie bewegt sich mit ihrem Team, das aus zehn bis zwölf Personen besteht, auf allerkleinstem Raum. Hinter der Theke wird jeder Zentimeter ausgenutzt, da gibt es kaum Bewegungsfreiheit. „Man kommt nicht aneinander vorbei, ohne sich ständig zu streifen." Besonders schwierig haben es neue Mitarbeiter, die noch das Bedürfnis haben, sich dann ständig zu entschuldigen. „Doch das hört dann irgendwann automatisch auf. Wir schieben uns hier einfach freundlich zur Seite und gut ist es."

Wo sich so viele Flamingos wohlfühlen,
geht es auch den Gästen ausgesprochen gut.

Vegane und glutenfreie Pancakes mit karamellisierter Mango und Agavendicksaft

Zutaten

320 g glutenfreies Mehl
2 EL Backpulver
60 g Zucker
4 EL Vanillezucker
1 TL Salz
400 ml Sojamilch
4 EL Sonnenblumenöl
1 Mango

Zubereitung

Mehl, Backpulver, Zucker, Vanillezucker und Salz mit Sojamilch und Sonnenblumenöl zu einem glatten, zähflüssigen Teig verrühren.
Pro Pancake ca. 2 Esslöffel der Masse mit einem Schuss Kokosöl in der Pfanne bei mittlerer Hitze braten, bis sie von beiden Seiten goldbraun schimmern.

In der Zwischenzeit Zucker in einer Pfanne schmelzen, eine Mango schälen und in Würfel schneiden. Diese vorsichtig zu dem karamellisierten Zucker geben.

Die Pancakes auf einen Teller legen und je einen großen Esslöffel karamellisierte Mango darauf geben. Mit Agavendicksaft verfeinern und mit frischen Beeren verzieren.

Maximal 22 Gäste finden drinnen Platz – „wenn sich alle lieb haben", erklärt mir die Cafébetreiberin. Dazu gibt es noch ein paar Plätze draußen.

Nora wirbelt fröhlich durch ihren Lebenstraum und neue Pläne hat sie auch schon. Vielleicht gibt es ja bald ein zweites Café – vielleicht ein Zimt-Zicklein? Ich würde mich freuen, denn ich kenne kaum jemanden, der seinen Traum so offensichtlich und mit so viel Herz lebt.

 ZimtZicke Elsässer Straße 25, 81667 München, www.cafe-zimtzicke.de

34

Vogelmaier

„WIR LEBEN KAFFEE!"

¶

Bergschuhe trage ich zwar nicht, als ich die Kaffeerösterei Vogelmaier in der Einsteinstraße 125 betrete, doch alpine Gefühle kommen trotzdem auf. Die beiden Betreiber Stefan Vogelgesang und Christiane Maier zaubern im Münchner Stadtteil Haidhausen echte Hüttenatmosphäre. Der Name der Rösterei setzt sich aus den beiden Nachnamen des Paares zusammen, eben „VogelMaier".

Es ist ihre Verbundenheit zu den Bergen und der Natur, die sie in Café und Rösterei zum Ausdruck bringen. In ihrem vorherigen Leben waren Christiane und Stefan Unternehmensberaterin und IT-Manager. Mindestens elf Jahre lang trugen sie die Idee einer eigenen Rösterei mit sich herum. Sie bereisten die Ursprungsländer der Kaffees und besuchten Kaffeeplantagen in Ruanda, El Salvador und Äthiopien.

Ihr Café eröffneten sie schließlich im August 2016. Ein moderner, ehrlicher Alpenstil bestimmt die Einrichtung. Eine hundert Jahre alte Werkbank wird zum großen Kaffeetisch, dem man ansieht, dass daran gearbeitet wurde. Die Porzellanlampe hing im Bergbauernhof der Großeltern im Flur, das Geweih stammt aus der guten Stube. „Wir mögen es, wenn man sieht, dass die Dinge gelebt haben."

Der Tresen wurde aus Scheunenbrettern gebaut, die Holzleiter hat vielleicht schon einen Burschen beim Fensterln getragen. Mein Blick bleibt an einem alten Fensterrahmen hängen, hinter dem ein Foto mit Alpenpanorama und einer Alm zu sehen ist. Die Aussicht wirkt verblüffend echt und ich muss mich kurz daran erinnern, dass ich mich mitten in einer Großstadt befinde. „Das ist in Berchtesgaden. Dahin habe ich mit meinem Vater seine letzte Almwanderung unternommen …";

erklärt mir Stefan und erhebt das Fenster damit zu einem wunderbaren Erinnerungsschatz.

Unmittelbar neben dem Alpenfenster befindet sich die offene Rösterei. Als Gast ist man also hautnah dabei, wenn Stefan Bohnen aus einem der großen Jutesäcke in seine Röstmaschine „Probatone 5" einfüllt. Der Trommelröster erinnert mich an eine große schwarze Lokomotive. Ich beobachte fasziniert, wie aus ziemlich grünen Kaffeebohnen eine schöne Röstung wird. Das Rösten ist ein Handwerk, doch als ehemaliger IT-Manager kann sich Stefan auch mit der Technik anfreunden, die ihm ein einwandfreies Röstergebnis erzielen lässt. Auf seinem Laptop verfolgt er das Profil seiner Röstung, das sich in farbigen Kurven abzeichnet. Die genaue Darstellung ermöglicht, wenn nötig, ein zielgenaues Eingreifen in Temperatur oder Luftzufuhr.

Um sich ihren Traum von der eigenen Rösterei und Café zu verwirklichen, haben Stefan und Christiane sich intensiv aus- und weiterbilden lassen. Sie reisten bei-

spielsweise nach El Salvador, wo beide ihren „Coffeemaster" machten, oder besuchten Seminare der renommierten „Berlin School of Coffee". Dort fand auch eine schicksalhafte Begegnung statt: Christiane verliebte sich! Dabei wird sie normalerweise nur bei Stefans Augen schwach, die erstaunlicherweise exakt die Farbe von gerösteten Kaffeebohnen haben. Doch die intensiven Gefühle galten diesmal nicht ihrem Mann, sondern der „Marzocco gb5". Diese italienische Schönheit von einer Espressomaschine thront heute auf dem Tresen der Vogelmaier'schen Rösterei. Und wer zum perfekten Kaffee etwas essen möchte, findet eine Auswahl an „kleinen Fräuleins" und Zimtschnecken aus der „Zimtschneckenfabrik" (S. 146).

Christiane und Stefan lieben Kaffee und führen Café und Rösterei mit Herz und Verstand.

Auf einer kleinen Anrichte werden die verschiedenen Röstungen dann per Hand verpackt und mit dem Firmenlogo versehen. Christiane verrät mir, dass das für sie schon fast etwas Meditatives hat. Selbstverständlich kann man jede Vogelmaier-Röstung vor Ort kaufen. Und auch einen Coffee-to-go kann man mitnehmen, in Bechern, die vollständig (samt Deckel!) kompostierbar sind. Nachhaltigkeit ist den Cafébetreibern wichtig. Künftig wollen sie sich noch mehr in den Kaffeeländern engagieren. „Direct Trade" ist hier ein Stichwort. Bereits heute schließen sie sich mit anderen kleineren Röstereien zusammen, um ausreichende Mengen direkt in den Anbaugebieten bestellen zu können.

Als ich das Café verlasse und auf die belebte Einsteinstraße blicke, bleibt das Gefühl einer schönen Wanderung in meinem Herzen.

Vogelmaier Einsteinstraße 125, 81675 München, www.vogelmaier.de

Iced Cold Brew mit Vanille-Eis

Zutaten für 1 Portion
100 ml Cold Brew
2 TL Kokosblütenzucker-Sirup
1 Kugel Vanille-Eis
4 Eiswürfel

Zubereitung
Alle Zutaten in einen Blender (Standmixer) geben
und cremig mixen.

Zutaten Kokosblütenzucker-Sirup
100 g Kokosblütenzucker
50 ml Wasser

Zubereitung Kokosblütenzucker-Sirup
Wasser zum Kochen bringen, den Blütenzucker
einrühren und so lange rühren, bis dieser sich
vollständig aufgelöst hat.

Der einzigartige alpine Stil ist
urgemütlich und an die Marzocco
kann man schon mal sein Herz
verlieren.

35

Saphir

„UNSERE CROISSANTS MACHEN GLÜCKLICH!"

¶

Schon wenn man vom Prinzregentenplatz aus nur in die Nähe des Saphir in der Grillparzerstraße 49 kommt, ahnt man Gutes. Aus der weit geöffneten Tür duftet es unendlich verführerisch. 2012 haben Baran und ihr Mann Issam Ben Ahmed ihren Traum wahr gemacht. Issam hat im Nebenraum des Cafés seine drei Öfen aufgestellt und backt dort die vielleicht besten Croissants der Stadt. Gelernt hat er das in einer Pariser Bäckerei und in einer Patisserie. Monatelang hat er tagtäglich Teig geknetet und dabei die Geheimnisse von Blätter- und Mürbeteig erkundet. Die Croissants, Franzbrötchen, Pains au chocolat, Rosinenschnecken und Brioches zeugen deshalb von hoher Backkunst.

Doch vor allem sind es die beiden Cafébetreiber, die dem Saphir Herz und Seele geben. Man spürt die Harmonie des Paares und die große Freude an dem, was sie tun. Issam stammt aus Tunesien, Baran ist in München geboren. Ihre Eltern sind Türken. Gastfreundschaft schreiben die beiden ganz groß. „Wir sind für alle da und viele unserer Gäste sind mit der Zeit zu Freunden geworden."

Die arabische Leichtigkeit und die Selbstverständlichkeit, mit der sie ihre Gäste bedienen, sind spürbar. Da macht es auch nichts, wenn die Kunden gelegentlich in der langen Schlange warten müssen, bevor sie drankommen. „Dann bringen wir unseren Gästen ein Getränk und unterhalten uns ein bisschen mit ihnen. So vergeht die Wartezeit ganz schnell. Wer möchte, kann übrigens auch per WhatsApp vorbestellen."

VIENNOISERIE		PÂTISSERIE
Croissant	1,90	Tartelette citron 3,80
Pain au chocolat	2,00	Tartelette framboise 4,00
Pain aux raisins	1,90	Eclair 2,90
Franz Brötchen	1,90	Macaron 1,50
Brioche á tête	1,60	Tarte aux pommes 3,20
Brioche Maxi	9,00	Cheese ab 3,60
	Gâteau ab 3,20

Vor allem auch am Wochenende drängeln sich die Kunden vor dem kleinen Café, um etwas von Issams Backwerken zu bekommen. Doch der guten Stimmung tut das keinen Abbruch. „Das fühlt sich eher an, wie eine Art Familientreffen", erzählt Baran.

Issam und seine Frau sind durch und durch herzliche Gastgeber. „Wir haben unser Café ‚Saphir' genannt, weil dieser Edelstein am besten ausdrückt, wie wertvoll uns dieser Ort und unsere Gäste sind."

Dabei hatten ihre Eltern erst einmal etwas ganz anderes für ihn im Sinn. Issam hat Geotelematik, Navigation und Wirtschaftsinformatik studiert. Baran hat im Musikmanagement gearbeitet. Schließlich war es ein Onkel, der Issam zu seiner Berufung führte. „Ich habe schon immer gern gebacken und gegrillt. Das ist sehr ungewöhnlich in der arabischen Welt. Da kochen eigentlich immer nur die Frauen", erzählt mir Issam. „Die Rezepte werden unter den Frauen der Familie weitergegeben."

Wie gut, dass sie Issam offensichtlich doch einiges verraten haben. Denn wenn es Mittag wird und der Hunger größer, verwandelt sich das Saphir – dann wird es

Issams Croissants, Brioches und Pains au chocolat machen denen in Paris Konkurrenz.

würzig. Dann kommt tunesisch-französische Küche auf die hohen Tische des kleinen Cafés. Lasagne mit tunesischen Gewürzen, Couscous oder Tajine mit Fenchel, Süßkartoffeln und Karotten. Ganz anders als am Vormittag, aber nicht weniger verführerisch. Auch für Veganer und Vegetarier ist immer etwas dabei. Und in der Vitrine wartet auch schon der Nachtisch: Issams selbst gemachtes Eis, ebenfalls aus frischen Zutaten und ohne Zusatzstoffe. Danach gibt es einen Espresso „Vergnano" aus der Siebträgermaschine.

Auch während des Essens hört man Baran und Issam gern zu. Sie haben viel zu

Multikulturell bedeutet, dass es neben Croissants und Himbeertörtchen auch Chakchouka gibt. Für jeden Gast ist das Richtige dabei.

Chakchouka

Zutaten für 4 Portionen

300 g Tomaten
4 Schalotten
1 rote Paprika
1 gelbe Paprika
4 EL Olivenöl
1 EL Tomatenmark
2 TL Ras el Hanout
1/2 TL rotes Paprikapulver
Salz
Pfeffer
3 Knoblauchzehen
300 ml lauwarmes Wasser
1 TL Harissa
4 große Eier
frischer Koriander

Zubereitung

Das Gemüse waschen und abtropfen, dann in kleine Würfel schneiden. 3 Esslöffel Öl in einer Pfanne auf mittlerer Hitze erwärmen und die Schalotten goldbraun anbraten.

Tomatenmark dazugeben und weiter braten, bis es zu einer Paste ähnlichen Mischung wird. Das restliche Gemüse in die Pfanne geben, würzen, salzen und 2 Minuten weiter braten, währenddessen den Knoblauch untermischen. Das lauwarme Wasser dazugeben und eine halbe Stunde unter Beobachtung köcheln lassen. Harissa untermischen und weitere 10 Minuten köcheln lassen.

Die Eier auf die Sauce geben, salzen, pfeffern. Die Pfanne zudecken und je nach Belieben die Eier kochen lassen.

Zum Schluss einen Esslöffel Olivenöl und den gehackten Koriander über die Chakchouka verteilen.

erzählen und ihr Humor und ihre gute Laune erfüllen den Raum. Man fühlt sich gut aufgehoben und zuhause.

Bevor ich gehe, gibt mir Issam noch einen Rat mit auf den Weg: „Pünktlichkeit ist gut im Leben. Aber man braucht Zeit, um ein Croissant zu genießen!"

 Saphir Grillparzerstraße 49, 81675 München, www.facebook.com/saphirmuc

Cupping-Anleitung

Beim sogenannten „Cupping" handelt es sich um die professionelle Verkostung von Kaffee. Ziel ist es, die verschiedenen Charakteristika einer bestimmten Kaffeesorte zu erkennen und bewerten zu können. Hauptsächlich wird diese Methode von professionellen Akteuren entlang der Kaffee-Wertschöpfungskette durchgeführt, aber auch für den ambitionierten Heimanwender ist dieses Vorgehen interessant, da der charakteristische Geschmack der verschiedenen Anbauregionen unverfälscht erlebbar ist. Die wichtigste Regel beim Cupping ist es, die Parameter und den Ablauf immer gleich zu lassen.

Utensilien
Gefäße mit ca. 150 ml Fassungsvermögen
eine Kaffeemühle
eine Feinwaage
ein Cuppinglöffel oder alternativ ein tiefer Suppenlöffel
und natürlich möglichst frisch gerösteter Kaffee

1. Schritt

8,25 g mittelfeinen, frisch gemahlenen Kaffee in das erste Gefäß füllen. Nacheinander die nächsten Portionen mahlen und auf die weiteren Gefäße verteilen. Die Mühle nach jeder Portion mit dem Pinsel kurz reinigen.

2. Schritt

Nachdem der Kaffee gemahlen und auf die einzelnen Gefäße verteilt ist, kann ein erster Geruchstest erfolgen. Hierbei wird die Intensität des Kaffeedufts bewertet und die verschiedenen erkennbaren Noten des Kaffees werden notiert.

3. Schritt

Als nächstes wird Wasser aufgekocht. Nachdem das Wasser auf eine Temperatur von ca. 93 Grad abgekühlt ist, kann mit dem Aufgießen begonnen werden. Dabei wird das Wasser in einem Zug bis zum Rand der 150-ml-Gefäße gegossen.

4. Schritt

Nach vier Minuten Ziehzeit
sammelt sich der Kaffee an der Oberfläche des Gefäßes. Nun wird die
entstandene „Kruste" mit dem Cup-
ping-Löffel drei Mal gebrochen. Beim
Brechen der Kruste auf die aufsteigen-
den Aromen achten und deren Intensität
und Noten notieren. Anschließend
wird die Kruste mit zwei Löffeln möglichst vollständig
entfernt.

5. Schritt

Sobald die Temperatur des Kaffees so weit abgekühlt ist, dass man diesen probieren kann, wird eine kleine Menge mit dem Löffel aufgenommen und mit etwas Luft geschlürft. So kann man die Aromen besser erkennen und auch bewerten, wie das Mundgefühl der Kaffeesorte ist.

6. Schritt

Da sich bei fallender Temperatur der Geschmack des Kaffees verändert, wird das Probieren wiederholt und die Eindrücke aufgeschrieben.

Wir danken der Rösterei Fausto für die Cupping-Anleitung!

Röstereien

Baruli Kaffeerösterei
Hauptstraße 1, 83371 Stein an der Traun
www.baruli-kaffee.de

bohnenreich
Albert-Schalper-Straße 11, 83059 Kolbermoor
www.bohnenreich.de

Caffé Borbone
Vertreten durch: Import-Export, Caffé Borbone
Steiner Ring 1, 82538 Geretsried
www.caffe-borbone.de

Caffé Fausto
Birkenleiten 41, 81543 München
www.caffe-fausto.de

Caffè Moak S.p.A.
Viale delle Industrie. 97015 Modica (RG) – Italien
www.caffemoak.com

Casa del Caffè Vergnano S.p.A.
Oberpollinger
Neuhauser Straße 18, 80331 München
www.caffevergnano.de

Alois Dallmayr KG
Dienerstraße 14–15, 80331 München
www.dallmayr.com/de

Dinzler Kaffeerösterei AG
Wendling 15, 83737 Irschenberg
www.dinzler.de

emilo Spezialitätenrösterei GmbH
Levelingstraße 18, 81673 München
www.emilo.de

gangundgäbe
Kapuzinerstraße 12, 80337 München
www.gangundgaebe.de

Gscheid.HAFERL Kaffeerösterei
Herrenstraße 10, 93444 Bad Kötzting
www.gscheid-haferl.com

Hausbrandt Trieste 1892 S.p.A.
Via Foscarini 52
31040 Nervesa della Battaglia TV - IT
www.hausbrandt.com/de

Kaffeerösterei Bühler
Birkenweg 3, 87466 Oy-Mittelberg
www.buehler-kaffee.de

Kafrika
Isar Projektgesellschaft mbH
Waldmeisterstraße 99, 80935 München
www.kafrika.de

Merchant & Friends
Herrmannsdorf 6, 85625 Glonn
www.shop.merchantandfriends.com

Moema Espresso Republic GmbH
Prenzlauer Allee 36F, 10405 Berlin
www.moema-espresso.com

Mokito spa
Viale Ortles 17, 20139 Milano – IT
www.mokito.it

Nannini Cafe
Vertreten durch: Hülya Ciftci
Seumestraße 1A, 30161 Hannover
www.nanninicafe.de

Perlanera Caffe
Via Galvani 11 , 35030 Selvazzano d. Padova – IT
www.deutsch-online.at/kaffee/perlanera

Segafredo Zanetti Deutschland GmbH
Fürstenrieder Straße 61, 80686 München
www.segafredo.de

Supremo
BB Coffee Company GmbH & Co.KG
Kapellenstraße 9, 82008 Unterhaching
www.supremo-kaffee.de

Vits Kaffee GmbH & Co.KG
Rumfordstraße 49, 80469 München
www.vitsderkaffee.de

Vogelmaier Kaffeerösterei
Einsteinstraße 125, 81675 München
www.vogelmaier.de

Wildkaffee Rösterei
Wild & Wild GbR
Bischofstraße 8, 82490 Farchant
www.wild-kaffee.de

Danke

⬡ Zuallererst möchte ich denen danken, die dieses Buch überhaupt erst möglich gemacht haben: den Cafébetreibern und ihren Mitarbeitern, die mir ihre Türen und Herzen weit geöffnet haben. Es ist allein ihrer Offenheit zu verdanken, dass ich die Seiten mit Leben füllen konnte. Ich danke jedem einzelnen für die Zeit, die intensiven Gespräche und für das Herzblut, mit dem sie ihr Café führen. An ihren Tischen werden die Gäste jederzeit ein zweites Zuhause und bei Bedarf auch einen Platz zum Schreiben finden.

Ebenfalls ganz dicht dran, mir immer auf den Fersen, manchmal sogar einen Schritt voraus, war Johannes Schimpfhauser, der für die großartigen Fotos verantwortlich ist. Er hat es geschafft, das in Bildern einzufangen, was ich mit Worten nicht zu sagen vermag.

Und dann … was wäre ein Buch ohne einen Verleger, der an die eigensinnigen Ideen seiner Autorin glaubt? Es wäre nicht da. Deshalb freue ich mich einmal mehr, dass Michael Volk sich auch diesmal wieder auf das Abenteuer mit mir eingelassen hat. Nicht zuletzt danke ich meiner lieben und vertrauten Lektorin Nadine Burks für ihre unendliche Geduld mit mir, ihre Aufmerksamkeit und Hingabe. Gleiches gilt für Peter Berger, der dem Buch grafisch ein so schönes Gesicht verliehen hat, und für Roman Heinemann, der dem Ganzen den letzten Schliff gegeben hat.

Schließlich danke ich meiner Familie, Jürgen und Amelie, die so oft auf mich verzichtet haben, weil ich mich ständig in irgendwelchen Cafés „herumgetrieben" habe. Immerhin konnte ich sie gelegentlich mit einem Stück Kuchen entschädigen.

Und wenn ich so zurückdenke, dann muss ich unbedingt auch noch meine Eltern Elfriede und Wilfried nennen, bei denen in meiner Jugend eigentlich immer die Kaffeemaschine lief und die mich gelehrt haben, was Gastfreundschaft bedeutet! Vielleicht ist damals schon die Idee für dieses Buch entstanden …

Die Autorin

Die Münchner Autorin Diana Hillebrand schreibt seit vielen Jahren gerne im Café. Viele Seiten ihrer Bücher sind an kleinen Cafétischen entstanden, so auch die bekannte Paula-Kinderbuchreihe im Volk Verlag. Anfang 2018 erscheint ihr erster Roman in einem großen Publikumsverlag. Seit 2006 gibt sie Kurse zum Thema „Kreatives Schreiben" und unterstützt angehende und erfahrene Autoren bei ihren Buchprojekten.
www.diana-hillebrand.de

Foto S. 216: Jennifer Bligh
Alle anderen: Johannes Schimpfhauser

Die Deutsche Bibliothek verzeichnet diese Publikation in der Deutschen Nationalbibliografie; detaillierte bibliografische Daten sind im Internet über http://dnb.ddb.de abrufbar.

2. aktualisierte Auflage 2018
© 2017 by Volk Verlag München
Neumarkter Straße 23, 81673 München
Tel. 089 / 420 79 69 80, Fax 089 / 420 79 69 86
www.volkverlag.de

Druck: Passavia GmbH & Co. KG, Passau

ISBN 978-3-86222-249-0